Lutz Völker · Jörg Herold

Investitionsrechnungsverfahren kompakt

Investitionsrechnungsverfahren kompakt

Lutz Völker · Jörg Herold

Bibliografische Information der Deutschen Nationalbibliothek: Die Deutsche Nationalbibliothek verzeichnet diese Publikation in der Deutschen National-bibliografie; detaillierte bibliografische Daten sind im Internet über http://dnb.d-nb.de abrufbar.

1. Auflage 2017

© 2017 Lutz Völker • Jörg Herold

Herstellung und Verlag: BoD - Books on Demand, Norderstedt

ISBN 978-3-7448-3749-1

Vorwort

Das vorliegende Buch gibt einen systematischen Überblick über die Investitionsrechnungsverfahren. Ziel ist es dabei, das grundlegende Instrumentarium anwendungsorientiert und verständlich zu vermitteln. Durch die Integration zahlreicher Beispiele und Übungsaufgaben wird die selbstständige Aneignung des Lehrstoffs unterstützt.

Zielgruppen dieses Buches sind vor allem Studenten der Betriebswirtschaftslehre an Hochschulen sowie Teilnehmer an Fortbildungslehrgängen der Industrie- und Handelskammern, z. B. zum Geprüften Bilanzbuchhalter oder zum Geprüften Betriebswirt, sowie interessierte Praktiker.

Es werden alle wesentlichen Methoden der Investitionsrechnung im Überblick dargestellt, um dem Charakter einer Kompaktdarstellung gerecht zu werden.

Nach der Einführung in die wesentlichen Grundlagen stehen zunächst die statischen Investitionsrechnungsverfahren im Mittelpunkt, danach die verschiedenen dynamischen Verfahren. Dabei werden Fragen der Vorteilhaftigkeits- und Auswahlentscheidungen betrachtet.

Im Folgenden werden die Frage der optimalen Nutzungsdauer und der Berücksichtigung von Steuern beleuchtet. Um auch nichtquantitative Aspekte zu berücksichtigen, wird die Nutzwertanalyse dargestellt. Ein Überblick der Entscheidungsregeln bei unvollkommenen Informationen und die Investitionsprogrammentscheidung nach dem Dean-Modell schließen die Darstellung ab.

Lutz Völker   Jörg Herold

Inhaltsverzeichnis

Verwendete Formelzeichen

α	...	Risikopräferenzfaktor
A	...	Auszahlung
A_0	...	Anschaffungsauszahlung
AfA	...	Steuerliche Abschreibung
An	...	Annuität
C_0	...	Kapitalwert
C_n	...	Endwert
db	...	Stückdeckungsbeitrag
E	...	Einzahlung
G	...	Gewinn
i	...	Kalkulationszinssatz
i_H	...	Habenzinsssatz
i_S	...	Sollzinsssatz
i_{St}	...	Kalkulationszinssatz nach Steuern
k	...	Kosten pro Stück
K	...	Gesamtkosten
K_0	...	Barwert
K_{Ab}	...	Kalkulatorische Abschreibung
K_{fix}	...	Fixkosten
K_n	...	Endwert
k_{var}	...	variable Kosten pro Stück
K_{var}	...	variable Gesamkosten
K_{Zi}	...	Kalkulatorische Zinsen
L_n	...	Liquidationserlös am Ende der Nutzungsdauer
L_t	...	Liquidationserlös nach t Jahren
μ	...	Erwartungswert
n	...	Nutzungsdauer

p	...	Preis
P	...	Entscheidungspräferenzwert
q	...	Zinsfaktor
q_s	...	Zinsfaktor nach Steuern
r	...	Rentabilität
R	...	Periodenrückfluss
σ	...	Standardabweichung
s	...	Steuersatz
t	...	Jahreszahl
T	...	Amortisationsdauer
t*	...	Jahr der vollen Amortisation
w	...	Wahrscheinlichkeit
x	...	Menge
x_{krit}	...	kritische Menge
Z	...	Zinsaufwand/-ertrag

Literatur

Becker, Hans Paul: Investition und Finanzierung, 7. Auflage, Wiesbaden 2016.

Busse von Colbe, Walther/Laßmann, Gert/Witte, Frank: Investitionstheorie und Investitionsrechnung, 4. Auflage, Berlin - Heidelberg 2015.

Dörsam, Peter: Grundlagen der Investitionsrechnung anschaulich dargestellt, 2. Auflage, Heidenau 1998.

Götze, Uwe: Investitionsrechnung - Modelle und Analysen zur Beurteilung von Investitionsvorhaben, 6. Auflage, Berlin - Heidelberg 2008.

Mensch, Gerhard: Investition, 1. Auflage, München 2002.

Thommen, Jean-Paul/Achleitner, Ann-Kristin: Allgemeine Betriebswirtschafts-lehre, 7. Auflage, Wiesbaden 2012.

Wöhe, Günter/Döring, Ulrich: Einführung in die Allgemeine Betriebswirt-schaftslehre, 25. Auflage, München 2013.

Zischg, Kurt: Investitionen planen und bewerten, 1. Auflage, München 2005.

1. Einführung

1.1. Grundbegriffe

Eine Investitionsentscheidung ist sowohl strategisch als auch operativ sehr bedeutsam. Strategisch wird damit eine meist umfangreiche, längerfristige Kapitalbindung festgelegt, operativ müssen Entscheidungen getroffen werden, die u.a. Liquidität und Ertrag bestimmen.

Für den **Begriff** der **Investition** werden zwei unterschiedliche Sichtweisen zugrunde gelegt: die vermögensorientierte und die zahlungsorientierte Betrachtung.

Der **vermögensorientierte** Investitionsbegriff knüpft an der Bilanz an. Unter Investition in diesem Sinne wird die **Verwendung von Kapital** für die Beschaffung materieller oder immaterieller Vermögensgegenstände des Anlagevermögens verstanden. Der Begriff der Investition bezieht sich somit auf die Frage der Mittelverwendung, also auf die Aktivseite der Bilanz. Das Gegenstück ist der Begriff der Finanzierung. Finanzierung bezieht sich auf die Kapitalbeschaffung, also auf die Passivseite der Bilanz.

Geht man vom **zahlungsorientierten** Investitionsbegriff aus, so ist eine Investition durch einen Zahlungsstrom gekennzeichnet, der mit einer Auszahlung beginnt und in der Folge zu Ein- und Auszahlungen führt.

Die Beschreibung von Zahlungsströmen verwendet die Begriffe **Einzahlung** und **Auszahlung**. Eine Einzahlung ist ein Zahlungsmittelzufluss in Form von Bar- oder Buchgeld, eine Auszahlung ein Zahlungsmittelabfluss.

Zur Systematisierung lassen sich Investitionen nach zwei Kriterien unterscheiden: nach dem Investitionsobjekt und nach der Investitionswirkung.

Bei der Einteilung der Investitionen nach dem **Investitionsobjekt** wird zwischen Sach- und Finanzinvestitionen sowie immateriellen Investitionen unterschieden.

Bei **Sachinvestitionen** wird in Sachanlagevermögen, z. B. Gebäude oder Maschinen investiert. Gegenstand von **Finanzinvestitionen** sind beispielsweise Beteiligungen oder Wertpapiere. **Immaterielle Investitionen** haben vor allem gewerbliche Schutzrechte wie Patente, ein eingetragenes Design oder Marken zum Gegenstand.

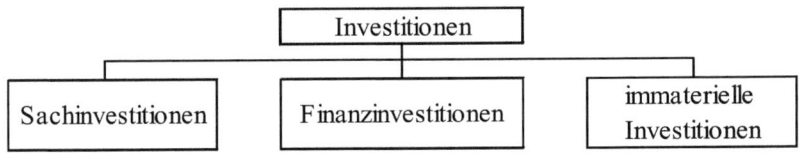

Abb. 1: Objektbezogene Einteilung der Investitionen

Die Einteilung der Investitionen nach der **Investitionswirkung** unterscheidet Gründungs-, Erweiterungs-, Ersatz- und Rationalisierungsinvestitionen.

Gründungsinvestitionen sind die bei der Neugründung eines Unternehmens getätigten Investitionen. **Erweiterungsinvestitionen** dienen der Erweiterung des Geschäftsbetriebs.

Ersatzinvestitionen müssen getätigt werden, um den Bestand an Investitionsgütern zu erhalten, wenn einzelne Objekte z. B. altersbedingt ausscheiden. Durch **Rationalisierungsinvestitionen** werden vorhandene Investitionsobjekte durch leistungsfähigere ersetzt, um dem technischen Fortschritt Rechnung zu tragen.

Eine Investition kann allerdings auch gleichzeitig eine Ersatz- und eine Rationalisierungsinvestition sein, wenn z. B. eine nicht mehr funktionsfähige Maschine durch eine neue und leisungsfähigere Maschine ersetzt wird.

Gründungs- und Erweiterungsinvestitionen bilden zusammen die Nettoinvestitionen, zuzüglich der Ersatz- und Rationalisierungsinvestitionen erhält man die Bruttoinvestitionen.

Gründungs-investitionen	Erweiterungs-investitionen	Ersatz-investitionen	Rationa-lisierungs-investitionen
Nettoinvestitionen		Ersatz-investitionen	Rationa-lisierungs-investitionen
Bruttoinvestitionen			

Abb. 2: Wirkungsbezogene Einteilung der Investitionen

1.2. Unterscheidung der Investitionsrechnungsverfahren

Mit den Methoden der Investitionsrechnung lassen sich Investitionsentscheidungen objektivieren. Dabei können drei Fragenstellungen im Mittelpunkt stehen:

a) Ist eine geplante Investition vorteilhaft ? (**Vorteilhaftigkeitsentscheidung**, d.h. soll die Investition überhaupt getätigt werden?)
b) Welche von mehreren alternativen Investitionen soll bevorzugt werden ? (**Auswahlentscheidung**)
c) Wie lange soll eine Investition genutzt werden bzw. wann soll ein vorhandenes Investitionsobjekt ersetzt werden ? (**optimale Nutzungsdauer/optimaler Ersatzzeitpunkt**)

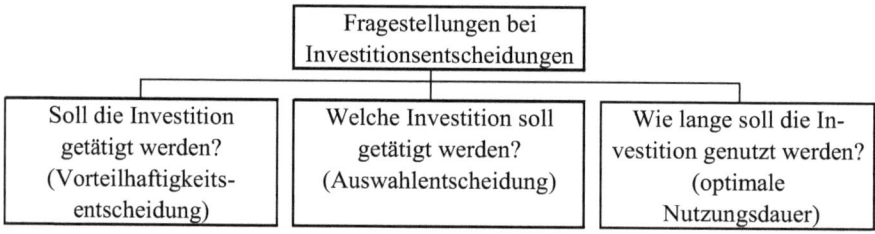

Abb. 3: Fragestellungen bei Investitionen

Bei den Methoden lassen sich zwei Gruppen der Investitionsrechnungsverfahren unterscheiden. **Statische Investitionsrechnungen** vergleichen Kosten, Erlöse und Gewinne auf der Basis einer Periode, d.h. Erfolgsgrößen des Rechnungswesens. Dabei wird von einer Durchschnittsperiode ausgegangen. Zeitliche Unterschiede zwischen Ein- und Auszahlungen werden hierbei nicht berücksichtigt. Damit liefern statische Methoden nur für relativ kurzzeitige Betrachtungen sinnvolle Ergebnisse. Ihr Hauptvorteil liegt in der einfachen Handhabung. Sie werden daher auch als Praktikerverfahren bezeichnet.

Zu den statischen Verfahren zählen:

• die Kostenvergleichsrechnung
• die Gewinnvergleichsrechnung
• die Rentabilitätsrechnung und
• die Amortisationsrechnung.

Dynamische Methoden berücksichtigen mehrere Perioden unter Beachtung der zeitlichen Unterschiede von Ein- und Auszahlungen und deren Verzinsung. Es werden also Zahlungsströme zugrunde gelegt. Sie werden auch als finanzmathematische Verfahren bezeichnet. Dabei wird dem Umstand längerer Nutzungsdauern besser Rechnung getragen.

Allerdings muss bei dynamischen Methoden von Annahmen, z. B. bezüglich der Zinssätze ausgegangen werden, die das Ergebnis beeinflussen. Ungeachtet dessen liefern die dynamischen Methoden aussagekräftigere Ergebnisse und sind daher vorzugswürdig.

Dynamische Verfahren sind:

• die Kapitalwertmethode
• die Annuitätenmethode
• die interne Zinsfußmethode
• die dynamische Amortisationsrechnung und
• die Endwertmethode.

Übungsaufgaben zu Kapitel 1

1. Erkären Sie

   • den vermögensorientierten und
   • den zahlungsorientierten

   Investitionsbegriff.

2. Bei Investitionen kommen verschiedene Investitionsobjekte in Betracht.

   Nennen Sie je zwei Beispiele für

   • Sachinvestitionen,
   • Finanzinvestitionen und
   • immaterielle Investitionen.

3. Stellen Sie das Wesen der statischen und dynamischen Investitionsrechnung gegenüber.

2. Statische Verfahren

2.1. Kostenvergleichsrechnung

Die Kostenvergleichsrechnung dient dazu, zwei oder mehrere Investitionsvarianten miteinander zu vergleichen, wobei diejenige Investition zu bevorzugen ist, welche bei der gegebenen Leistungsmenge die niedrigsten Gesamtkosten verursacht.

Der Kostenvergleichsrechnung liegt die allgemeine lineare Kostenfunktion zugrunde:

$$K = K_{fix} + K_{var} = K_{fix} + k_{var} \cdot x$$

K	... Gesamtkosten
K_{fix}	... Fixkosten
K_{var}	... variable Gesamkosten
k_{var}	... variable Kosten pro Stück
x	... Menge

Die kalkulatorischen Abschreibungen und Zinsen werden bei der Kostenvergleichsrechnung als Fixkosten behandelt. Daneben können sonstige Fixkosten anfallen, z. B. Raumkosten, Versicherungen usw.

Die Abschreibungen werden als lineare Abschreibung folgendermaßen berechnet:

$$K_{Ab} = \frac{A_0 - L_n}{n}$$

K_{Ab}	... Kalkulatorische Abschreibung
A_0	... Anschaffungsauszahlung
L_n	... Liquidationserlös
n	... Nutzungsdauer

Die kalkulatorischen Zinsen werden als Produkt aus durchschnittlich gebundenem Kapital und Kalkulationszinssatz ermittelt.

Das durchschnittlich gebundene Kapital ist der Mittelwert des Kapitals zu Beginn der Investition (A_0) und zu deren Ende (L_n):

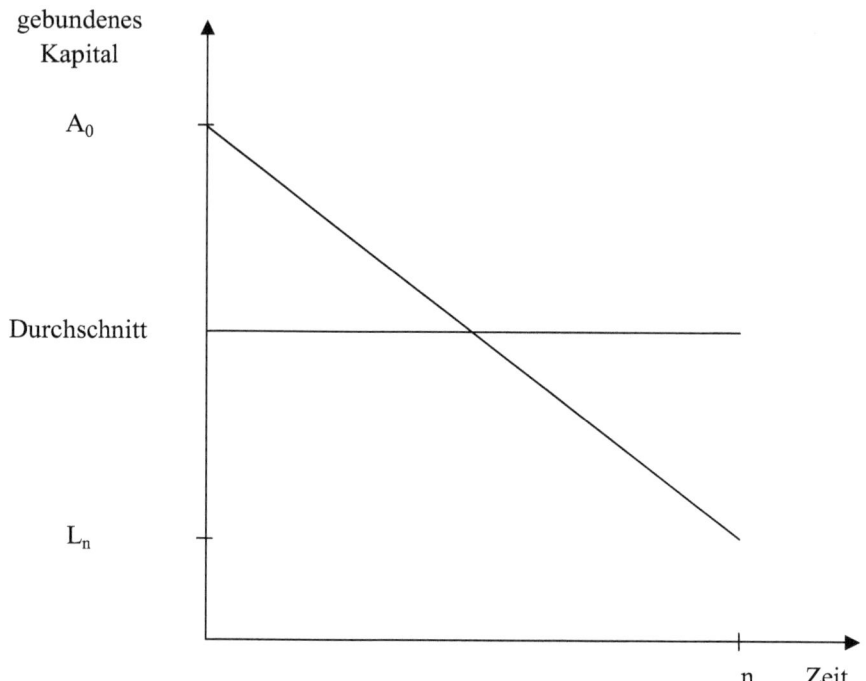

Abb. 4: Durchschnittliche Kapitalbindung

Der Kalkulationszinssatz setzt sich aus dem risikolosen Basiszins und einem unternehmensspezifischen Risikozuschlag zusammen. Als Basiszins kann z. B. der Zinssatz für Staatsanleihen zugrunde gelegt werden. Der Risikozuschlag wird entweder geschätzt oder auf Basis kapitalmarktorientierter Modelle berechnet. Dabei wird i.d.R. auf das capital asset pricing model (CAPM) zurückgegriffen.

Die Zinsen berechnen sich dann:

$$K_{Zi} = \frac{A_0 + L_n}{2} \cdot i$$

K_{Zi} ... Kalkulatorische Zinsen

i ... Kalkulationszinssatz

Die Summe aus Abschreibung und Zinsen wird als **Kapitaldienst** bezeichnet. Aus dem Kapitaldienst und sonstigen Fixkosten werden dann die gesamten Fixkosten ermittelt. Fixkosten und variable Kosten ergeben die Gesamtkosten. Damit ergibt sich für die Gesamtkosten:

$$K = \frac{A_0 - L_n}{n} + \frac{A_0 + L_n}{2} \cdot i + K_{fix,sonst.} + K_{var}$$

$$K = \frac{A_0 - L_n}{n} + \frac{A_0 + L_n}{2} \cdot i + K_{fix,sonst.} + k_{var} \cdot x$$

Beispiel 1

Für ein Unternehmen soll ein neuer Transporter angeschafft werden. Es stehen drei Alternativen zur Auswahl. Folgende Daten sind bekannt:

	A	B	C
Anschaffungsauszahlung	35.000	40.000	42.000
Liquidationserlös	5.000	4.000	6.000
Kfz-Steuer pro Jahr	950	1.050	1.200
Kfz-Versicherung pro Jahr	850	900	900
durchschnittliche Kraftstoffkosten pro 100 km	15	14	12
Reparatur- und Wartungskosten pro 1.000 km	60	40	70

Es wird ein Kalkulationszinssatz von 8 %, eine einheitliche Nutzungsdauer von 5 Jahren und eine jährliche Fahrleistung von 80.000 km zugrunde gelegt.

Berechnung der Fixkosten ohne Kapitaldienst:

$$K_{fix,A} = 950 \text{ €} + 850 \text{ €} = 1.800 \text{ €}$$

$$K_{fix,B} = 1.050 \text{ €} + 900 \text{ €} = 1.950 \text{ €}$$

$$K_{fix,C} = 1.200 \text{ €} + 900 \text{ €} = 2.100 \text{ €}$$

Berechnung der variablen Kosten pro km:

$$k_{var,A} = \frac{15 \text{ €}}{100 \text{ km}} + \frac{60 \text{ €}}{1.000 \text{ km}} = 0,21 \text{ €} / \text{km}$$

$$k_{var,B} = \frac{14 \text{ €}}{100 \text{ km}} + \frac{40 \text{ €}}{1.000 \text{ km}} = 0,18 \text{ €} / \text{km}$$

$$k_{var,C} = \frac{12 \text{ €}}{100 \text{ km}} + \frac{70 \text{ €}}{1.000 \text{ km}} = 0,19 \text{ €} / \text{km}$$

Berechnung der Gesamtkosten:

$$K_A = \frac{35.000\,€ - 5.000\,€}{5} + \frac{35.000\,€ + 5.000\,€}{2} \cdot 8\% + 1.800\,€ + 0,21\,€/km \cdot 80.000\,km$$

$$K_A = 26.200\,€$$

$$K_B = \frac{40.000\,€ - 4.000\,€}{5} + \frac{40.000\,€ + 4.000\,€}{2} \cdot 8\% + 1.950\,€ + 0,18\,€/km \cdot 80.000\,km$$

$$K_B = 25.310\,€$$

$$K_C = \frac{42.000\,€ - 6.000\,€}{5} + \frac{42.000\,€ + 6.000\,€}{2} \cdot 8\% + 2.100\,€ + 0,19\,€/km \cdot 80.000\,km$$

$$K_C = 26.420\,€$$

Zu bevorzugen wäre demnach Fahrzeugtyp B.

Die Gesamtkostenbetrachtung funktioniert nicht mehr, wenn die verschiedenen Investitionsobjekte mit **unterschiedlichen Leistungsmengen** verbunden sind. In diesem Fall kann der Kostenvergleich über die Stückkosten erfolgen. Die Stückkosten ergeben sich aus den Gesamtkosten dividiert durch die Leistungsmenge.

$$k = \frac{K}{x}$$

k ... Kosten pro Stück

K ... Gesamtkosten

x ... Menge

Beispiel 2

Ein Unternehmen möchte ein neues Produkt in sein Fertigungsprogramm aufnehmen. Dazu muss eine neue Maschine beschafft werden. Es wurden zwei alternative Modelle ermittelt, für die folgende Daten bekannt sind:

		Maschine I	Maschine II
Anschaffungsauszahlung	(€)	2.400.000	3.200.000
Liquidationserlös	(€)	0	0
Nutzungsdauer	(Jahre)	5	5
Produktionsmenge (=Absatzmenge)	(Stck./Jahr)	7.500	8.000
Kalkulationszinssatz	(%)	10	10

Bei den variablen Kosten pro Stück wird davon ausgegangen, dass die Kosten über die 5 Jahre Nutzungsdauer kontinuierlich steigen. Für die Kostenberechnungen werden die durchschnittlichen Kosten zugrunde gelegt.

Die Planung geht von folgenden Daten aus:

	Jahr 1	Jahr 2	Jahr 3	Jahr 4	Jahr 5	Durchschnitt
Maschine I	160 €	165 €	170 €	175 €	180 €	170 €
Maschine II	136 €	138 €	140 €	142 €	144 €	140 €

Außer den Abschreibungen und den Zinsen fallen keine weiteren Fixkosten an.

Damit lassen sich die Kosten berechnen:

$$K_I = \frac{A_0 - L_n}{n} + \frac{A_0 + L_n}{2} \cdot i + K_{fix,sonst.} + k_{var} \cdot x$$

$$K_I = \frac{2.400.000\,€}{5} + \frac{2.400.000\,€}{2} \cdot 10\% + 0\,€ + 170\,€/Stck. \cdot 7.500\,Stck.$$

$$K_I = 480.000\,€ + 120.000\,€ + 1.275.000\,€ = 1.875.000\,€$$

$$k_I = \frac{K_I}{x_I} = \frac{1.875.000\,€}{7.500\,Stck.} = 250\,€/Stck.$$

$$K_{II} = \frac{A_0 - L_n}{n} + \frac{A_0 + L_n}{2} \cdot i + K_{fix,sonst.} + k_{var} \cdot x$$

$$K_{II} = \frac{3.200.000\,€}{5} + \frac{3.200.000\,€}{2} \cdot 10\% + 0\,€ + 140\,€/Stck \cdot 8.000\,Stck.$$

$$K_{II} = 640.000\,€ + 160.000\,€ + 1.112.000\,€ = 1.920.000\,€$$

$$k_{II} = \frac{K_I}{x_I} = \frac{1.920.000\,€}{8.000\,Stck.} = 240\,€/Stck.$$

Bei Vollauslastung ist Maschine II zu bevorzugen.

Häufig ist auch von Interesse, ab welcher Stückzahl eine Variante der Anderen vorzuziehen ist. Rechnerisch erfolgt die Lösung, indem als „**kritische Menge**" x_{krit} der Schnittpunkt der beiden Kostenfunktionen bestimmt wird:

$$x_{Krit} \Rightarrow K_I = K_{II}$$

$$K_{fix,I} + k_{var,I} \cdot x_{Krit} = K_{fix,II} + k_{var,II} \cdot x_{Krit}$$

$$k_{var,I} \cdot x_{Krit} - k_{var,II} \cdot x_{Krit} = K_{fix,II} - K_{fix,I}$$

$$(k_{var,I} - k_{var,II}) \cdot x_{Krit} = K_{fix,II} - K_{fix,I}$$

$$x_{krit} = \frac{K_{fix,II} - K_{fix,I}}{k_{var,I} - k_{var,II}}$$

Beispiel 3
Bis zu welcher Stückzahl ist Maschine I der Maschine II aus Beispiel 2 vorzuziehen?

$$x_{krit} = \frac{800.000\,€ - 600.000\,€}{170\,€/Stck. - 140\,€/Stck.} = 6.666,67\,Stck.$$

Bis 6.666 Stck. ist Maschine I zu bevorzugen.

Die Kostenvergleichsrechnung ist ein einfach zu handhabendes Verfahren, weist
aber eine Reihe von Nachteilen auf:

• Durch die Kurzfristigkeit der Rechnung (i.d.R. ein Jahr) ist die Gefahr einer
  Fehlprognose bei längerer Nutzungsdauer hoch.

• Die zeitlichen Unterschiede der Zahlungsströme werden vernachlässigt.

• Da die Erlöse nicht einbezogen werden, wird das Ziel der Gewinnmaximierung
  nicht hinreichend berücksichtigt.

• Es sind nur Aussagen über die relative Vorteilhaftigkeit von Alternativen im
  Vergleich möglich, Angaben über die absolute Vorteilhaftigkeit einer Investition sind nicht möglich.

2.2. Gewinnvergleichsrechnung

Die Gewinnvergleichsrechnung erweitert die Kostenvergleichsrechnung, indem die Erlösseite mit einbezogen wird. Eine Investition ist dann als sinnvoll zu betrachten, wenn sie einen Gewinn größer Null erreicht.

Im Vergleich mehrerer Investitionen ist diejenige zu bevorzugen, welche den höchsten Gewinn erzielt.

Der zugrunde zu legende Gewinn ergibt sich als Differenz zwischen Erlösen und Kosten:

$$G = E - K = p \cdot x - K$$

G ... Gewinn
p ... Preis

Sofern Leistungsmenge und Preis gleich sind, führen Gewinn- und Kostenvergleichsrechnung zu gleichen Ergebnissen, ansonsten können sich die Ergebnisse unterscheiden.

Beispiel 4
Für die mit den Maschinen I und II aus Beispiel 2 produzierten Produkte lassen sich durch fertigungsbedingte Qualitätsunterschiede unterschiedlich hohe Preise erzielen, die laut Prognose im Zeitverlauf aufgrund zunehmender Konkurrenz sinken. Für die Gewinnvergleichsrechnung werden die durchschnittlichen Preise zugrunde gelegt:

	Jahr 1	Jahr 2	Jahr 3	Jahr 4	Jahr 5	Durchschnitt
Maschine I	280 €	275 €	270 €	265 €	260 €	270 €
Maschine II	265 €	260 €	255 €	250 €	245 €	255 €

Welche Maschine ist bei Vollauslastung zu bevorzugen?

$$G = E - K = p \cdot x - K$$

$$G_I = 270 \ \text{€/Stck.} \cdot 7.500 \ \text{Stck.} - 1.875.000 \ \text{€} = 150.000 \ \text{€}$$

$$G_{II} = 255 \ \text{€/Stck.} \cdot 8.000 \ \text{Stck.} - 1.920.000 \ \text{€} = 120.000 \ \text{€}$$

Da beide Maschinen Gewinn erzielen, sind beide Investitionen sinnvoll. Bei Vollauslastung ist Maschine I zu bevorzugen.

Auch bei der Gewinnvergleichsrechnung kann die kritische Menge bestimmt werden, welche sich hier als Schnittpunkt der beiden Gewinnfunktionen ergibt:[1]

$$x_{Krit} \Rightarrow G_{II} = G_I \quad mit \quad G = db \cdot x - K_{fix}$$

$$db_{II} \cdot x_{Krit} - K_{fix,II} = db_I \cdot x_{Krit} - K_{fix,I}$$

$$db_{II} \cdot x_{Krit} - db_I \cdot x_{Krit} = K_{fix,II} - K_{fix,I}$$

$$(db_{II} - db_I) \cdot x_{Krit} = K_{fix,II} - K_{fix,I}$$

$$x_{krit} = \frac{K_{fix,II} - K_{fix,I}}{db_{II} - db_I} \qquad db \ ... \ Stückdeckungsbeitrag = p - k_{var}$$

Beispiel 5
Bei welchen Stückzahlen ist Maschine I der Maschine II aus Beispiel 4 vorzuziehen?

$$db = p - k_{var}$$

$$db_I = 270 \ €/Stck. - 170 \ €/Stck. = 100 \ €/Stck.$$

$$db_{II} = 255 \ €/Stck. - 140 \ €/Stck. = 115 \ €/Stck.$$

$$x_{krit} = \frac{K_{fix,II} - K_{fix,I}}{db_{II} - db_I}$$

$$x_{krit} = \frac{800.000 \ € - 600.000 \ €}{115 \ €/Stck. - 100 \ €/Stck.} = 13.333,33 \ Stck.$$

Da die kritische Menge oberhalb der möglichen Leistungsmenge liegt, ist Maschine I unabhängig von der Menge zu bevorzugen.

---

[1] Sind die Deckungsbeiträge beider Alternativen gleich, so gibt es keine kritische Menge, die Variante mit den niedrigeren Fixkosten ist dann immer zu bevorzugen.

Die Gewinnvergleichsrechnung stellt zwar eine Verbesserung der Kostenvergleichsrechnung dar, da auch Erlöse berücksichtigt werden, sie hat aber immer noch einige Nachteile:

• Durch die Kurzfristigkeit der Rechnung (i.d.R. ein Jahr) ist die Gefahr einer Fehlprognose bei längerer Nutzungsdauer hoch, da Kosten und Erlöse sich ändern können.

• Die zeitlichen Unterschiede der Zahlungsströme werden vernachlässigt.

• Der Gewinn wird nicht in Relation zur Höhe des eingesetzten Kapitals gesetzt, somit ist keine Aussage über die Verzinsung (Rentabilität) möglich.

• Beim Vergleich von Investitionen mit unterschiedlichem Kapitaleinsatz und unterschiedlicher Nutzungsdauer sind Fehlentscheidungen möglich.

2.3. Rentabilitätsrechnung

Bei der Rentabilitätsrechnung wird die Rentabilität einer Investition bestimmt. Die Rentabilität ist die Verzinsung des gebundenen Kapitals. Eine Investition ist dann als sinnvoll zu betrachten, wenn sie eine Rentabilität größer als die geforderte Mindestverzinsung erreicht.

Im Vergleich mehrerer Investitionen ist diejenige zu bevorzugen, welche die höchste Rentabilität erzielt.

Die Rentabilität wird hierbei berechnet:

$$r = \frac{G + K_{Zi}}{(A_0 + L_n) : 2} \cdot 100 \qquad r \ \ldots \ \text{Rentabilität}$$

Der **Gewinn** ist **vor Zinsen** zugrunde zu legen, da die Gesamtverzinsung zugrunde gelegt werden soll. Würde man den Gewinn nach Zinsen verwenden, würde nur der über den kalkulatorischen Zins hinausgehende Zins ermittelt werden. Bezugsgröße der Rentabilität ist das durchschnittlich gebundene Kapital.

Beispiel 6

Wie hoch ist die Rentabilität der Maschinen I und II aus Beispielen 4? Dort wurden folgende Daten zugrunde gelegt bzw. berechnet:

	Maschine I	Maschine II
Anschaffungsauszahlung (€)	2.400.000	3.200.000
Liquidationserlös (€)	0	0
Kalkulatorische Zinsen (€)	120.000	160.000
Gewinn (€)	150.000	120.000
Kalkulationszinssatz (%)	10	10

Damit lassen sich die Rentabilitäten berechnen:

$$r_I = \frac{G + K_{Zi}}{(A_0 + L_n):2} \cdot 100 = \frac{150.000\,€ + 120.000\,€}{2.400.000\,€:2} \cdot 100 = 22,5\%$$

$$r_{II} = \frac{G + K_{Zi}}{(A_0 + L_n):2} \cdot 100 = \frac{120.000\,€ + 160.000\,€}{3.200.000\,€:2} \cdot 100 = 17,5\%$$

Da beide Maschinen eine Rendite erzielen, die über dem Kalkulationszinssatz liegt, sind beide Investitionen sinnvoll. Bei Vollauslastung erzielt Maschine I die höhere Rentabilität.

Die Rentabilitätsrechnung ist ein beliebtes Praktikerverfahren, welches jedoch, trotz der Verbesserung gegenüber der Gewinnvergleichsrechnung, einige Nachteile aufweist:

• Durch die Kurzfristigkeit der Rechnung (i.d.R. ein Jahr) ist die Gefahr einer Fehlprognose insbesondere bei längerer Nutzungsdauer gegeben.

• Die zeitlichen Unterschiede der Zahlungsströme werden vernachlässigt.

• Der Vergleich von Investitionen mit unterschiedlichem Kapitaleinsatz und unterschiedlicher Nutzungsdauer ist problematisch.

2.4. Amortisationsrechnung

Die Amortisationsrechnung ermittelt den Zeitraum, in dem das investierte Kapital aus den Erlösen der Investition wieder in das Unternehmen zurückfließt. Eine Investition ist dann als sinnvoll zu betrachten, wenn sie eine Amortisationsdauer kleiner als die wirtschaftlich sinnvolle Nutzungsdauer erreicht.

Im Vergleich mehrerer Investitionen ist diejenige zu bevorzugen, welche die kürzere Amortisationsdauer hat.

Bei der Amortisationsrechnung sind zwei Grundvarianten, die Durchschnittsrechnung und die Kumulationsrechnung zu unterscheiden.

Die Amortisationsdauer wird bei der **Durchschnittsrechnung** ermittelt, indem der Kapitaleinsatz durch den durchschnittlichen jährlichen Kapitalrückfluss dividiert wird.

Kapitaleinsatz ist die Anschaffungsauszahlung. Zum Teil wird auch die Anschaffungsauszahlung vermindert um einen eventuellen Liquidationserlös als Kapitaleinsatz zugrunde gelegt. Diese Berechnungsvariante wird hier nicht zugrunde gelegt, da laut Zielstellung der Zeitpunkt ermittelt werden soll, zu dem das investierte Kapital erstmalig durch Erlöse rekapitalisiert ist. Ein eventueller Liquidationserlös fließt aber erst zum Ende der Nutzungsdauer zurück.

Als durchschnittlicher Kapitalrückfluss (Cash-Flow) wird die Summe aus durchschnittlichem Gewinn und kalkulatorischer Abschreibung betrachtet, da Abschreibungen nicht auszahlungswirksam sind.

$$T = \frac{A_0}{G + K_{Ab}}$$

T ... Amortisationsdauer

A_0 ... Anschaffungsauszahlung
G ... Gewinn
K_{Ab} ... Kalkulatorische Abschreibung

Beispiel 7
Wie lang ist die Amortisationsdauer ermittelt nach der Durchschnittsrechnung bei den beiden Maschinen aus Beispiel 4? Dort wurden folgende Daten zugrunde gelegt bzw. berechnet:

	Maschine I	Maschine II
Anschaffungsauszahlung (€)	2.400.000	3.200.000
Kalkulatorische Abschreibung (€)	480.000	640.000
Gewinn (€)	150.000	120.000
Nutzungsdauer (Jahre)	5	5

$$T_I = \frac{A_0}{G + K_{Ab}} = \frac{2.400.000\,€}{150.000\,€ + 480.000\,€} = 3,81\,\text{Jahre}$$

$$T_{II} = \frac{A_0}{G + K_{Ab}} = \frac{3.200.000\,€}{120.000\,€ + 640.000\,€} = 4,21\,\text{Jahre}$$

Da beide Maschinen eine Amortisationsdauer haben, die unter der Nutzungsdauer liegen, sind beide Investitionen sinnvoll. Maschine I wäre aufgrund der kürzeren Amortisationsdauer zu bevorzugen.

Die **Kumulationsrechnung** ist sinnvoller Weise anzuwenden, wenn die jährlichen Rückflüsse unterschiedlich hoch ausfallen. Ab dem Investitionszeitpunkt werden die jährlichen Kapitalrückflüsse schrittweise addiert, bis die kumulierten Kapitalrückflüsse (Gewinn + Kalkulatorische Abschreibung) gleich der Anschaffungsauszahlung sind:

$$T \text{ bei } A_0 = \sum_{t=1}^{T} G_t + K_{Ab}$$

T ... Amortisationsdauer

A_0 ... Anschaffungsauszahlung
G ... Gewinn
K_{Ab} ... Kalkulatorische Abschreibung

Da die Amortisationsdauer meist zwischen zwei Jahren liegt, berechnet sich diese exakt wie folgt:

$$T = (t^* - 1) + \frac{A_0 - \sum_{t=1}^{t^*-1} G_t + K_{Ab}}{G_{t^*} + K_{Ab}}$$

t^* ... Jahr der vollen Amortisation

Beispiel 8

Wie lang ist die Amortisationsdauer ermittelt nach der Kumulationsrechnung bei den beiden Maschinen aus Beispiel 4? Dort wurden folgende Daten zugrunde gelegt bzw. berechnet:

Variable Kosten:

	Jahr 1	Jahr 2	Jahr 3	Jahr 4	Jahr 5
Maschine I	160 €	165 €	170 €	175 €	180 €
Maschine II	136 €	138 €	140 €	142 €	144 €

Erzielbare Preise:

	Jahr 1	Jahr 2	Jahr 3	Jahr 4	Jahr 5
Maschine I	280 €	275 €	270 €	265 €	260 €
Maschine II	265 €	260 €	255 €	250 €	245 €

Sonstige relevante Daten:

		Maschine I	Maschine II
Anschaffungsauszahlung	(€)	2.400.000	3.200.000
Kalkulatorische Abschreibung	(€)	480.000	640.000
Fixkosten	(€)	600.000	800.000
Produktionsmenge (=Absatzmenge)	(Stck./Jahr)	7.500	8.000

Berechnung der Jahresgewinne: $G = p \cdot x - K_{fix} - k_{var} \cdot x$

Maschine I
$G_1 = 280$ €/Stck. $\cdot$ 7.500 Stck. $-$ 600.000 € $-$ 160 €/Stck. $\cdot$ 7.500 Stck. $= 300.000$ €
$G_2 = 275$ €/Stck. $\cdot$ 7.500 Stck. $-$ 600.000 € $-$ 165 €/Stck. $\cdot$ 7.500 Stck. $= 225.000$ €
$G_3 = 270$ €/Stck. $\cdot$ 7.500 Stck. $-$ 600.000 € $-$ 170 €/Stck. $\cdot$ 7.500 Stck. $= 150.000$ €
$G_4 = 265$ €/Stck. $\cdot$ 7.500 Stck. $-$ 600.000 € $-$ 175 €/Stck. $\cdot$ 7.500 Stck. $=\ \ 75.000$ €
$G_5 = 260$ €/Stck. $\cdot$ 7.500 Stck. $-$ 600.000 € $-$ 180 €/Stck. $\cdot$ 7.500 Stck. $=\ \ \ \ \ \ \ \ 0$ €

Maschine II
$G_1 = 265$ €/Stck. $\cdot$ 8.000 Stck. $-$ 800.000 € $-$ 136 €/Stck. $\cdot$ 8.000 Stck. $= 232.000$ €
$G_2 = 260$ €/Stck. $\cdot$ 8.000 Stck. $-$ 800.000 € $-$ 138 €/Stck. $\cdot$ 8.000 Stck. $= 176.000$ €
$G_3 = 255$ €/Stck. $\cdot$ 8.000 Stck. $-$ 800.000 € $-$ 140 €/Stck. $\cdot$ 8.000 Stck. $= 120.000$ €
$G_4 = 250$ €/Stck. $\cdot$ 8.000 Stck. $-$ 800.000 € $-$ 142 €/Stck. $\cdot$ 8.000 Stck. $=\ \ 64.000$ €
$G_5 = 245$ €/Stck. $\cdot$ 8.000 Stck. $-$ 800.000 € $-$ 144 €/Stck. $\cdot$ 8.000 Stck. $=\ \ \ 8.000$ €

Berechnung Kapitalrückflüsse Maschine I:

Jahr	Gewinn	Abschreibung	Rückfluss	kumuliert
1	300.000 €	480.000 €	780.000 €	780.000 €
2	225.000 €	480.000 €	705.000 €	1.485.000 €
3	150.000 €	480.000 €	630.000 €	2.115.000 €
4	75.000 €	480.000 €	555.000 €	2.670.000 €
5	0 €	480.000 €	480.000 €	3.150.000 €

Die volle Amortisation ergibt sich nach 4 Jahren (t* = 4). Die exakte Amortisationsdauer ist:

$$T = (T^*-1) + \frac{A_0 - \sum\limits_{t=1}^{t^*-1} G_t + K_{Ab}}{G_{t^*} + K_{Ab}} = 3 + \frac{2.400.000\,€ - 2.115.000\,€}{75.000\,€ + 480.000\,€} = 3{,}52 \text{ Jahre}$$

Berechnung Kapitalrückflüsse Maschine II:

Jahr	Gewinn	Abschreibung	Rückfluss	kumuliert
1	232.000 €	640.000 €	872.000 €	872.000 €
2	176.000 €	640.000 €	816.000 €	1.688.000 €
3	120.000 €	640.000 €	760.000 €	2.448.000 €
4	64.000 €	640.000 €	704.000 €	3.152.000 €
5	8.000 €	640.000 €	648.000 €	3.800.000 €

Die volle Amortisation ergibt sich nach 5 Jahren (t* = 5). Die exakte Amortisationsdauer ist:

$$T = (T^*-1) + \frac{A_0 - \sum\limits_{t=1}^{t^*-1} G_t + K_{Ab}}{G_{t^*} + K_{Ab}} = 4 + \frac{3.200.000\,€ - 3.152.000\,€}{8.000\,€ + 640.000\,€} = 4{,}08 \text{ Jahre}$$

Da beide Maschinen eine Amortisationsdauer haben, die unter der Nutzungsdauer liegen, sind beide Investitionen sinnvoll. Maschine I wäre aufgrund der kürzeren Amortisationsdauer zu bevorzugen.

Bei der Beurteilung der Amortisationsrechnung ist folgendes zu berücksichtigen:

- Die Amortisationsrechnung dient zur Abschätzung der durchschnittlichen Kapitalbindungsdauer und stellt damit eine Risikoabschätzung dar.

- Eine Investition mit kürzerer Amortisationsdauer kann trotzdem eine niedrigere Rentabilität aufweisen.

- Sinnvoller Weise sollte sie daher nur in Verbindung mit anderen Methoden verwendet werden.

- Zeitliche Unterschiede der Zahlungsströme werden bei der Durchschnittsrechnung vernachlässigt.

4. Die Maschinenbau GmbH muss für ihre Produktion eine Ersatzbeschaffung vornehmen. Nach der technischen Vorprüfung stehen noch zwei Alternativen zur Wahl, für die folgende Daten ermittelt wurden:

	Maschine 1	Maschine 2
Anschaffungswert €	1.800.000	1.680.000
Nutzungsdauer Jahre	6	6
voraussichtlicher Restwert am Ende der Nutzungsdauer €	90.000	60.000
maximale Produktionskapazität (Stück pro Jahr)	6.000	5.000
Zinssatz für kalkulatorische Zinsen (% p. a.)	8 %	8 %
sonstige fixe Kosten (€ pro Jahr)	36.000	30.000
Fertigungslöhne (€ pro Stück)	63,00	66,00
Fertigungsmaterial (€ pro Stück)	24,00	26,40
sonstige variable Kosten (€ pro Stück)	12,00	13,20
Verkaufspreis (€ pro Stück)	360,00	360,00

Nach Angabe der Marketingabteilung wurden zuletzt von dem Produkt jährlich 4.400 Stück abgesetzt. Von dieser Auslastung ist auch für die Planung der Produktion auszugehen.

a) Berechnen und entscheiden Sie, welche der beiden Maschinen für das Unternehmen bei Anwendung der Kostenvergleichsrechnung vorteilhafter ist.
b) Ermitteln Sie die kritische Ausbringungsmenge für die beiden Investitionsvorhaben und beurteilen Sie das Ergebnis.

5. Die Blitztransport-GmbH hat mithilfe gezielter Werbeaktionen neue Kunden gewinnen können. Aufgrund der steigenden Nachfrage soll ein zusätzlicher Kleintransporter angeschafft werden.

Zur Auswahl stehen die Fahrzeugtypen A und B:

Fahrzeugtyp	A	B
Anschaffungskosten	30.000 €	40.000 €
Nutzungsdauer	4 Jahre	4 Jahre
kalkulatorischer Zinssatz pro Jahr	8,00 %	8,00 %
Kfz-Steuer pro Jahr	950 €	1.050 €
Kfz-Versicherung pro Jahr	850 €	850 €
durchschnittliche Benzinkosten pro 100 km	14 €	14 €
Reparatur- und Wartungskosten pro 1.000 km	90 €	40 €

a) Die jährliche Kilometerleistung beträgt 80.000 km. Ermitteln Sie mittels der Kostenvergleichsrechnung, welchen Fahrzeugtyp die Blitztransport-GmbH anschaffen sollte.

b) Ermitteln Sie rechnerisch, bei welchen Jahreskilometerleistungen die beiden Fahrzeugtypen jeweils am günstigsten sind.

6. Ein Maschinenbaubetrieb könnte einen Vertrag über die Produktion von jährlich 20.000 Stück Stanzteilen abschließen. Für diesen Auftrag wäre die Neuanschaffung einer Maschine notwendig, welche unter 2 Alternativen ausgewählt werden soll. Der Auftraggeber würde in Abhängigkeit von der Teilequalität 18,00 € pro Stück bei Alternative 1 bzw. 19,00 € pro Stück bei Alternative 2 bezahlen. Folgende Daten sind bei Herstellung von 20.000 Stück zugrunde zu legen:

1. Alternative

Anschaffungskosten	105.000 €
Nutzungsdauer	10 Jahre
Kalkulationszinssatz	10 %
Gehalt	10.000 €/Jahr
Lohn	70.000 €/Jahr
Raumkosten	7.000 €/Jahr
Materialkosten	150.000 €/Jahr
sonst. fixe Kosten	9.250 €/Jahr
sonst. variable Kosten	50.000 €/Jahr
Preis pro Stück (netto)	18,00 €

2. Alternative

Anschaffungskosten	90.000 €
Nutzungsdauer	10 Jahre
Kalkulationszinssatz	10 %
Gehalt	10.000 €/Jahr
Lohn	90.000 €/Jahr
Raumkosten	1.500 €/Jahr
Materialkosten	160.000 €/Jahr
sonst. fixe Kosten	2.000 €/Jahr
sonst. variable Kosten	50.000 €/Jahr
Preis pro Stück (netto)	19,00 €

a) Ermitteln Sie den Gewinn pro Jahr für beide Alternativen und entscheiden Sie ob der Auftrag angenommen werden sollte und ggf. welche Alternative zu bevorzugen ist.

b) Bei welcher Leistungsmenge haben beide Varianten den gleichen Gewinn, wenn Lohn-, Material- und sonstige variablen Kosten als variable Kosten zu betrachten sind und die übrigen fixe Kosten darstellen?

7.   Die Firma Plastex GmbH ist Hersteller von Kunststoffteilen und beabsichtigt, in eine neue Extruderanlage zu investieren.

Nachdem von verschiedenen Herstellern mehrere Angebote eingeholt wurden und eine Vorauswahl getroffen wurde, stehen noch zwei alternative Anlagen zur Auswahl, für die folgende Planungsdaten bekannt sind:

		Anlage I	Anlage II
Anschaffungswert	(€)	2.400.000	3.200.000
Resterlös	(€)	200.000	400.000
Nutzungsdauer	(Jahre)	5	5
Produktionsmenge (=Absatzmenge)	(Stck./Jahr)	10.000	10.000
Stückkosten gesamt	(€/Stck.)	240	235
Stückerlös	(€/Stck.)	270	270
Kalk. Zinssatz	(%)	10	10

Welche Anlage ist nach der Rentabilitätsrechnung vorzuziehen?

8. Für eine Investition kommen zwei alternative Maschinen in Betracht, für die folgende Daten gelten:

		Maschine 1	Maschine 2
Anschaffungskosten	€	144.000	135.000
Resterlös	€	6.000	3.000
Nutzungsdauer	Jahre	6	6
Gewinn 1. Jahr	€	24.000	19.000
Gewinn 2. Jahr	€	28.000	24.000
Gewinn 3. Jahr	€	32.000	24.000
Gewinn 4. Jahr	€	28.000	32.000
Gewinn 5. Jahr	€	20.000	38.000
Gewinn 6. Jahr	€	30.000	25.000

a) Ermitteln Sie die Amortisationszeit mit Hilfe der Durchschnittsberechnung.
b) Welche Amortisationszeit ergibt sich bei Anwendung der Kumulationsrechnung?

3. Dynamische Verfahren

3.1. Finanzmathematische Grundlagen

Mit Hilfe finanzmathematischer Verfahren werden Ein- und Auszahlungen, die zeitlich auseinanderfallen, unter Berücksichtigung des Zinseszinseffektes vergleichbar gemacht. Dies erfolgt, indem durch **Auf- oder Abzinsung** (Diskontierung) auf einen einheitlichen Bezugszeitpunkt die Vergleichbarkeit hergestellt wird.

Bei den finanzmathematischen Verfahren wird i.d.R. von der Prämisse des vollkommenen Kapitalmarktes ausgegangen, was insbesondere bedeutet:

• Es wird ein einheitlicher Zinssatz für Soll- und Habenzinsen zugrunde gelegt und somit Eigen- und Fremdkapital nicht unterschieden.[2]
• Kapital wird als in unbegrenztem Maße beschaffbar und anlegbar betrachtet.

Die wichtigsten finanzmathematischen Berechnungen können mit Hilfe von Formeln oder finanzmathematischen Faktoren durchgeführt werden.

Bei der Anwendung der finanzmathematischen Faktoren werden i.d.R. Tabellen zugrunde gelegt, in denen die Faktoren für verschiedene Zinssätze und Zeiträume zusammengefasst werden. Im Anhang zu diesem Buch sind die wesentlichen finanzmathematischen Faktoren abgedruckt. Zwischenwerte können dabei näherungsweise durch Interpolation ermittelt werden.

Die für die Investitionsrechnung wichtigsten finanzmathematischen Faktoren bzw. Formeln und deren Anwendung sollen nachfolgend erläutert werden.

Ausgangspunkt der finanzmathematischen Berechnungen ist der **Zinseszinseffekt**. Dieser kommt dadurch zustande, dass bei einer mehrjährigen Verzinsung einer bestimmten Kapitalsumme über mehr als eine Periode auch die Zinsen verzinst werden.

Diesen Effekt veranschaulicht die folgende Abbildung, die von einem Kapital von 1.000 € ausgeht, welches über zwei Jahre mit 10 % verzinst wird.

---

[2] Eine Ausnahme von dieser Prämisse wird bei der Vermögensendwertmethode gemacht, die unterschiedliche Soll- und Habenzissätze zugrunde legt.

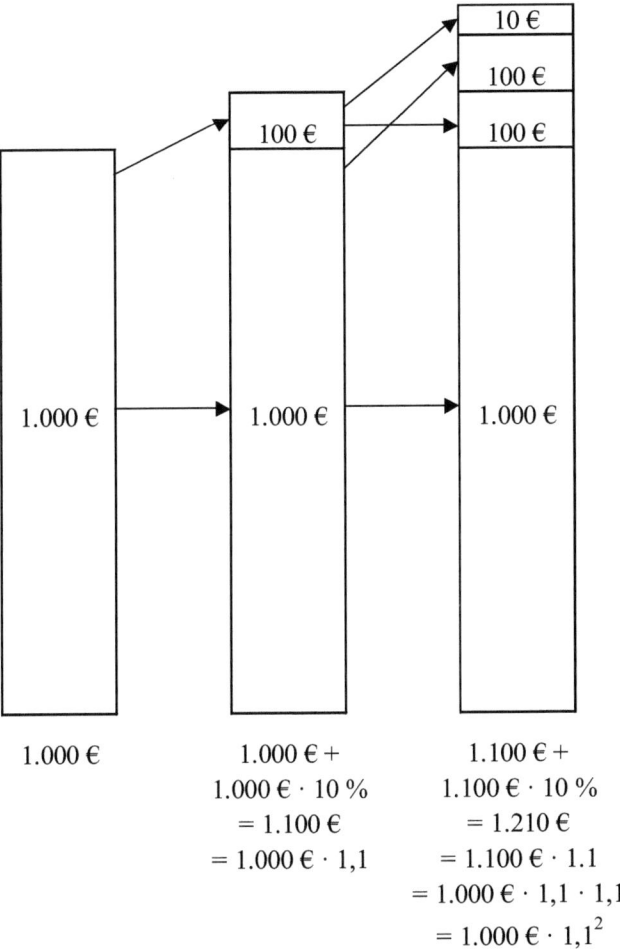

Abb. 5: Zinseszinseffekt

Der **Aufzinsungsfaktor** q^n dient der direkten Umrechnung einer aktuellen Zahlung auf deren zukünftigen Wert unter Berücksichtigung des Zinseszinseffektes.

$$q^n = (1+i)^n \quad \text{(mit i = Kalkulationszinssatz, Zinsfaktor q = 1 + i)}$$

Der Kalkulationszinssatz wird dabei als Dezimalzahl (Prozentwert : 100) verwendet. Mit dem Aufzinsungsfaktor wird eine jetzt fällige Zahlung (E_0) mit Zinseszins auf einen nach n Jahren fälligen Betrag (Endwert, K_n) aufgezinst.

$$K_n = E_0 \cdot q^n$$

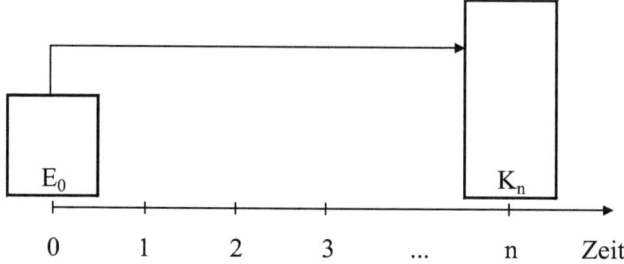

Abb. 6: Aufzinsung

Beispiel 9: Ein Geldbetrag in Höhe von 1.000 € wird über 5 Jahre zu 5 % Zinsen angelegt. Wie hoch ist der Endbetrag?

$$K_n = 1.000 € \cdot 1{,}05^5 = 1.276{,}28 €$$

Der **Abzinsungsfaktor** q^{-n} dient der Umrechnung zukünftiger Zahlungen auf den heutigen Wert unter Berücksichtigung des Zinseszinseffektes.

$$(1 + i)^{-n} = q^{-n} = \frac{1}{q^n}$$

Mit dem Abzinsungsfaktor wird eine in n Jahren fällige Zahlung (E_n) auf den heutigen Wert (Barwert, K_0) unter Berücksichtigung der Zinseszinsen abgezinst.

$$K_0 = E_n \cdot q^{-n}$$

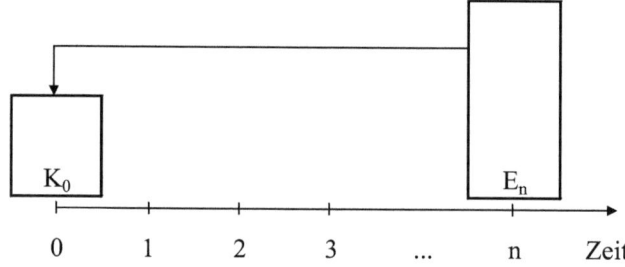

Abb. 7: Abzinsung

Beispiel 10: Welcher heutigen Kaufkraft entsprechen 1.000 € in 10 Jahren, wenn eine Inflation von 3 % zugrunde gelegt wird?

$$K_0 = 1.000 \, € \cdot 1,03^{-10} = 744,09 \, €$$

Einer Investition liegt jedoch keine Einzelzahlung, sondern eine Zahlungsreihe zugrunde. Daher sind die **Barwert- bzw. Endwertsummen** der **Zahlungsreihe** zugrunde zu legen:

Barwert einer Zahlungsreihe (allgemein):

$$K_0 = \sum_{t=1}^{n} E_t \cdot q^{-t}$$

Endwert einer Zahlungsreihe (allgemein):

$$K_n = \sum_{t=1}^{n} E_t \cdot q^{t}$$

Bei gleichbleibenden Zahlungen einer Zahlungsreihe können spezielle Faktoren verwendet werden. Der **Barwertfaktor** bzw. Diskontierungssummenfaktor dient der Abzinsung.

$$\frac{(1+i)^n - 1}{i \cdot (1+i)^n} = \frac{q^n - 1}{q^n \cdot i}$$

Mit dem Barwertfaktor kann die Barwertsumme (K_0) der abgezinsten Werte einer gleichbleibenden, nachschüssigen Zahlungsreihe unter Berücksichtigung des Zinseszins ermittelt werden.

$$K_0 = E \cdot \frac{q^n - 1}{q^n \cdot i}$$

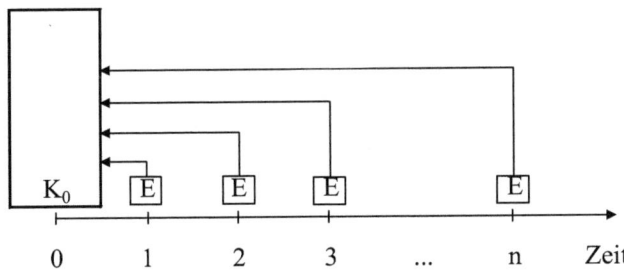

Abb. 8: Barwertsumme

Beispiel 11: Welche Einmalzahlung müsste geleistet werden, um eine zehnjährige nachschüssig zu zahlende Rente in Höhe von 6.000 € zu finanzieren, wenn ein Zinssatz von 5 % zugrunde gelegt wird?

$$K_0 = 6.000 \, € \cdot \frac{1,05^{10} - 1}{1,05^{10} \cdot 0,05} = 46.330,41 \, €$$

Soll eine gleichbleibende Zahlungsreihe aufgezinst werden, kann man den **Endwertfaktor** verwenden.

$$\frac{(1+i)^n - 1}{i} = \frac{q^n - 1}{i}$$

Der Endwertfaktor dient der Ermittlung des aufgezinsten Endwertes (K_n) einer gleichbleibenden, nachschüssigen Zahlungsreihe unter Berücksichtigung des Zinseszins.

$$K_n = E \cdot \frac{q^n - 1}{i}$$

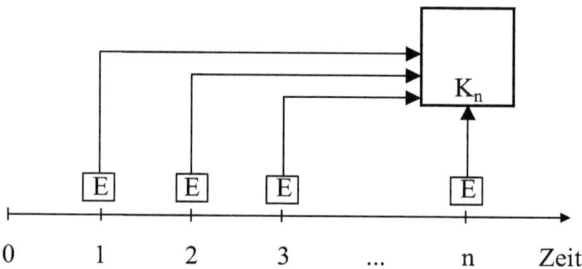

Abb. 9: Endwertsumme

Beispiel 12: Ein Anleger zahlt jährlich nachschüssig einen Betrag von 1.000 € auf ein Konto ein, welches mit 5 % verzinst wird. Welcher Kontostand ergibt sich nach 5 Jahren?

$$K_n = 1.000 \, € \cdot \frac{1,05^5 - 1}{0,05} = 5.525,63 \, €$$

Zum Teil ist es erforderlich, eine einzelne Zahlung in mehrere gleichförmige Zahlungen aufzuteilen.

Der **Kapitalwiedergewinnungsfaktor** bzw. Annuitätenfaktor dient der Verteilung eines Geldbetrag (K_0) in eine gleichbleibende Zahlungsreihe über einen Zeitraum von n Jahren unter Berücksichtigung des Zinseszins.

$$\frac{i \cdot (1+i)^n}{(1+i)^n - 1} = \frac{q^n \cdot i}{q^n - 1}$$

Damit kann ein Barwert (K_0) in eine Reihe gleicher Zahlungen (E) aufgeteilt werden.

$$E = K_0 \cdot \frac{q^n \cdot i}{q^n - 1}$$

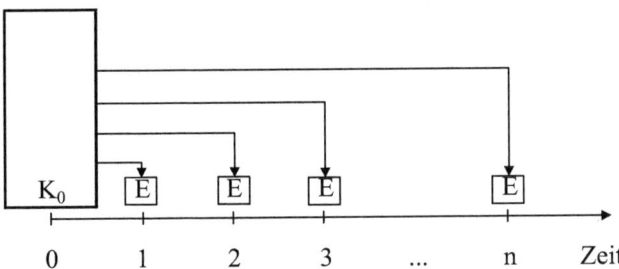

Abb. 10: Barwertverteilung

Beispiel 13: Ein Annuitätendarlehen in Höhe von 50.000 €, welches mit 6 % verzinst wird, soll in 10 nachschüssigen Jahresraten getilgt werden. Wie hoch ist die zu zahlende Jahresrate?

$$E = 50.000\,€ \cdot \frac{1,06^{10} \cdot 0,06}{1,06^{10} - 1} = 6.793,40\ €$$

Mit dem **Restwertverteilungsfaktor** kann ein in n Jahren fälliger Geldbetrag (K_n) in gleiche Zahlungen (E) unter Berücksichtigung des Zinseszins verteilt werden.

$$\frac{i}{(1+i)^n - 1} = \frac{i}{q^n - 1}$$

Die Berechnung erfolgt durch Multiplikation des Endbetrags mit dem Restwertverteilungsfaktor

$$E = K_n \cdot \frac{i}{q^n - 1}$$

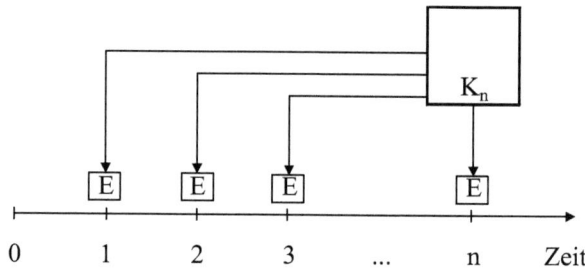

Abb. 11: Endwertverteilung

Beispiel 14: Wieviel muss jährlich nachschüssig angespart werden, um nach 5 Jahren eine Summe von 10.000 € zu erhalten, wenn der Zinssatz 6 % beträgt?

$$E = 10.000\,€ \cdot \frac{0,06}{1,06^5 - 1} = 1.773,96\,€$$

3.2. Kapitalwertmethode

Eine typische Investition ist durch eine Anschaffungsauszahlung, eine aus Ein- und Auszahlungen bestehenden Zahlungsreihe und ggf. einem Liquidationserlös gekennzeichnet. Der Kapitalwert stellt die **Barwertsumme der gesamten Zahlungsreihe** der Investition dar.

$$C_0 = -A_0 + \sum_{t=1}^{n}(E_t - A_t) \cdot q^{-t} + L_n \cdot q^{-n}$$

C_0 ... Kapitalwert
E ... Einzahlung
A ... Auszahlung

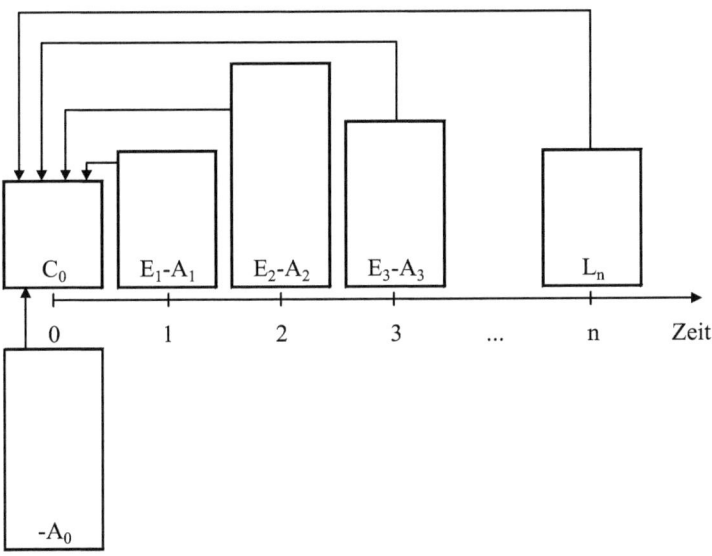

Abb. 12: Kapitalwert

Eine Investition ist dann als sinnvoll zu betrachten, wenn sie einen **Kapitalwert größer Null** erreicht.

Im Vergleich mehrerer Investitionen ist diejenige zu bevorzugen, welche den **höchsten Kapitalwert** erzielt.

Ein positiver Kapitalwert bedeutet:
- die vollständige Wiedergewinnung der Anschaffungsauszahlung
- die Verzinsung aller Zahlungen mit dem Kalkulationszinssatz i
- einen Einzahlungsüberschuss in Höhe von C_0

Beispiel 15

Wie hoch sind die Kapitalwerte der Maschinen I und II aus Beispiel 4, wenn die variablen Kosten vollständig auszahlungswirksam sind und eine Verzinsung in Höhe von 10 % zugrunde gelegt wird?

Im Beispiel 4 wurden folgende Daten zugrunde gelegt:

		Maschine I	Maschine II
Anschaffungsauszahlung	(€)	2.400.000	3.200.000
Liquidationserlös	(€)	0	0
Nutzungsdauer	(Jahre)	5	5
Produktionsmenge (=Absatzmenge)	(Stck./Jahr)	7.500	8.000

Variable Kosten pro Stück:

	Jahr 1	Jahr 2	Jahr 3	Jahr 4	Jahr 5
Maschine I	160 €	165 €	170 €	175 €	180 €
Maschine II	136 €	138 €	140 €	142 €	144 €

Erzielbare Preise pro Stück:

	Jahr 1	Jahr 2	Jahr 3	Jahr 4	Jahr 5
Maschine I	280 €	275 €	270 €	265 €	260 €
Maschine II	265 €	260 €	255 €	250 €	245 €

Es wird davon ausgegangen, dass die zugrunde gelegten variablen Kosten vollständig auszahlungswirksam sind. Die Auszahlungen ergeben sich damit aus variablen Kosten pro Stück mal Menge, die Einzahlungen aus Preis mal Menge.

Damit lassen sich die Kapitalwerte berechnen:

Maschine I:

Jahr	Auszahlungen	Einzahlungen	Rückfluss	q^{-n}	Barwert
0	2.400.000		-2.400.000	1,0000000	-2.400.000
1	1.200.000	2.100.000	900.000	0,9090909	818.182
2	1.237.500	2.062.500	825.000	0,8264463	681.818
3	1.275.000	2.025.000	750.000	0,7513148	563.486
4	1.312.500	1.987.500	675.000	0,6830135	461.034
5	1.350.000	1.950.000	600.000	0,6209213	372.553
C_0					497.073

Maschine II:

Jahr	Auszahlungen	Einzahlungen	Rückfluss	q^{-n}	Barwert
0	3.200.000		-3.200.000	1,0000000	-3.200.000
1	1.088.000	2.120.000	1.032.000	0,9090909	938.182
2	1.104.000	2.080.000	976.000	0,8264463	806.612
3	1.120.000	2.040.000	920.000	0,7513148	691.210
4	1.136.000	2.000.000	864.000	0,6830135	590.124
5	1.152.000	1.960.000	808.000	0,6209213	501.704
C_0					327.831

Beide Maschinen haben einen positiven Kapitalwert, so dass beide Investitionen sinnvoll sind. Nach der Kapitalwertmethode ist Maschine I der Maschine II vorzuziehen.

Wenn die Rückflüsse wiederkehrend in gleicher Höhe eintreten, kann der Kapitalwert mit Hilfe des Rentenbarwertfaktors ermittelt werden:

$$C_0 = -A_0 + (E_t - A_t) \cdot \frac{q^n - 1}{q^n \cdot i} + L_n \cdot q^{-n}$$

Beispiel 16

Wie hoch wären die Kapitalwerte der beiden Maschinen, wenn gleichbleibende Rückflüsse in Höhe der Durchschnittswerte zugrunde gelegt werden?

Maschine I:

$$C_0 = -2.400.000€ + 750.000\ € \cdot \frac{1,1^5 - 1}{1,1^5 \cdot 0,1} = 443.090€$$

Maschine I:

$$C_0 = -3.200.000€ + 920.000\ € \cdot \frac{1,1^5 - 1}{1,1^5 \cdot 0,1} = 287.524€$$

Beide Maschinen haben einen positiven Kapitalwert, so dass beide Investitionen sinnvoll sind. Nach der Kapitalwertmethode ist Maschine I der Maschine II vorzuziehen.

Die Kapitalwertmethode hat wie alle dynamischen Verfahren den Vorteil, dass die zeitlichen Unterschiede der Zahlungen unter Beachtung der Verzinsung berücksichtigt werden. Es gibt aber auch einige Nachteile:

• Die Schätzung der zukünftigen Zahlungen ist mit großen Unsicherheiten verbunden.

• Mit der Annahme eines vollkommenen Kapitalmarktes ist die unrealistische Annahme gleicher Soll- und Habenzinsen verbunden.

3.3.   Annuitätenmethode

Die Annuitätenmethode rechnet den Kapitalwert einer Investition in äquivalente, gleichbleibende jährliche Zahlungen um. Eine Investition ist dann als sinnvoll zu betrachten, wenn sie eine Annuität größer Null erreicht.

Im Vergleich mehrerer Investitionen ist diejenige zu bevorzugen, welche die höchste Annuität erzielt.

Die Annuität errechnet sich mit

$$An = C_0 \cdot \frac{q^n \cdot i}{q^n - 1}$$

Beispiel 17
Wie hoch sind die Annuitäten der beiden Maschinen aus Beispiel 15 bei einem Zinssatz von 10 %?

Maschine I:
$$An = 497.073 \ \text{€} \cdot \frac{1,1^5 \cdot 0,1}{1,1^5 - 1} = 131.127 \ \text{€}$$

Maschine II:
$$An = 327.831 \ \text{€} \cdot \frac{1,1^5 \cdot 0,1}{1,1^5 - 1} = 86.481 \text{€}$$

Beide Maschinen haben eine positive Annuität, so dass beide Investitionen sinnvoll sind. Nach der Annuitätenmethode ist Maschine I der Maschine II vorzuziehen.

Da die Annuitätenmethode unmittelbar auf der Kapitalwertmethode aufbaut, hat sie die gleichen Vor- und Nachteile.

3.4. Interne Zinsfußmethode

Die interne Zinsfußmethode ermittelt den Zinssatz i, bei dem der Kapitalwert einer Investition genau gleich Null ist. Es muss also gelten:

$$C_0 = -A_0 + \sum_{t=1}^{n}(E_t - A_t)\cdot(1+i)^{-t} + L_n \cdot (1+i)^{-n} = 0$$

Der interne Zinsfuß gibt somit an, wie sich die Investition tatsächlich verzinst (= Rendite der Investition). Eine Investition ist dann als sinnvoll zu betrachten, wenn sie einen internen Zinsfuß erreicht, der mindestens der Soll-Verzinsung entspricht.

Im Vergleich mehrerer Investitionen ist diejenige zu bevorzugen, welche den höchsten internen Zinsfuß erzielt.

Bei einer Nutzungsdauer über 2 Jahre lässt sich die oben angegebene Gleichung nicht mehr trivial lösen, so dass Näherungsverfahren genutzt werden. Hierzu wird mit zwei Versuchszinssätzen i_1 und i_2 der jeweilige Kapitalwert bestimmt, wobei i_1 und i_2 idealer Weise so zu wählen sind, dass ein positiver und ein negativer Kapitalwert herauskommt.

Der tatsächliche Verlauf der Kapitalwertfunktion ist nichtlinear (gestrichelter Verlauf in der folgenden Abbildung). Der interne Zinsfuß wird dann durch Interpolation der Sekante (durchgezogener Verlauf in der folgenden Abbildung) als Näherungslösung bestimmt (regula falsi):

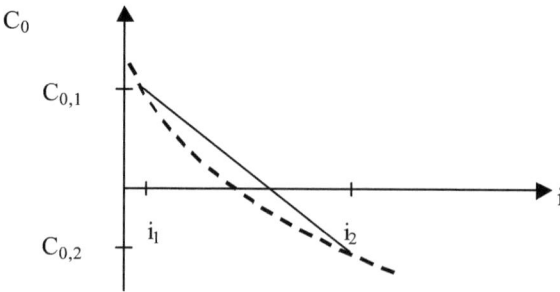

Abb. 13: Regula Falsi zur Ermittlung des internen Zinsfußes

Der gesuchte Näherungswert für den internen Zinsfuss berechnet sich dann:

$$i = i_1 - C_{0,1} \cdot \frac{i_2 - i_1}{C_{0,2} - C_{0,1}}$$

Beispiel 18
Wie hoch sind die internen Zinsfüße der beiden Maschinen aus Beispiel 15?

Maschine I:
1. Ermittlung eines zweiten Kapitalwerts für $i_2 = 20$ %:

Jahr	Auszahlungen	Einzahlungen	Rückfluss	q^{-n}	BW
0	2.400.000		-2.400.000	1,0000000	-2.400.000
1	1.200.000	2.100.000	900.000	0,8333333	750.000
2	1.237.500	2.062.500	825.000	0,6944444	572.917
3	1.275.000	2.025.000	750.000	0,5787037	434.028
4	1.312.500	1.987.500	675.000	0,4822531	325.521
5	1.350.000	1.950.000	600.000	0,4018776	241.127
C_0					-76.408

2. Berechnung des internen Zinsfußes:

$$i_I = i_1 - C_{0,1} \cdot \frac{i_2 - i_1}{C_{0,2} - C_{0,1}} = 10\% - 497.073\,€ \cdot \frac{20\% - 10\%}{-76.408\,€ - 497.073\,€} = 18{,}67\%$$

Maschine II:
1. Ermittlung eines zweiten Kapitalwerts für $i_2 = 20$ %:

Jahr	Auszahlungen	Einzahlungen	Rückfluss	q^{-n}	BW
0	3.200.000		-3.200.000	1,0000000	-3.200.000
1	1.088.000	2.120.000	1.032.000	0,8333333	860.000
2	1.104.000	2.080.000	976.000	0,6944444	677.778
3	1.120.000	2.040.000	920.000	0,5787037	532.407
4	1.136.000	2.000.000	864.000	0,4822531	416.667
5	1.152.000	1.960.000	808.000	0,4018776	324.717
C_0					-388.431

2. Berechnung des internen Zinsfußes:

$$i_{II} = i_1 - C_{0,1} \cdot \frac{i_2 - i_1}{C_{0,2} - C_{0,1}} = 10\% - 327.831€ \cdot \frac{20\% - 10\%}{-388.431€ - 327.831€} = 14,58\%$$

Beide Maschinen haben einen internen Zinsfuß, der über dem Kalkulationszins liegt, so dass beide Investitionen sinnvoll sind. Nach der internen Zinsfußmethode ist Maschine I der Maschine II vorzuziehen.

Die interne Zinsfußmethode hat wie alle dynamischen Verfahren den Vorteil, dass die zeitlichen Unterschiede der Zahlungen berücksichtigt werden. gegenüber der Kapitalwertmethode ist von Vorteil, dass die Rentabilität des gebundenen Kapitals ermittelt wird und somit keine Annahmen zum Zinssatz getroffen werden müssen.

Ein spezifischer Nachteil besteht aber darin, dass die interne Zinsfußmethode nur für „Normalinvestitionen" anwendbar ist. Eine Normalinvestitionen ist dadurch gekennzeichnet, dass es in der Zahlungsreihe nur einen Vorzeichenwechsel gibt, d.h. am Anfang sind die Einzahlungsüberschüsse negativ (i.d.R. zum Zeitpunkt der Investitionsauszahlung) und danach durchgehend positiv.

3.5. Dynamische Amortisationsrechnung

Die dynamische Amortisationsrechnung ermittelt den Zeitraum, bis zu dem das investierte Kapital unter Berücksichtigung der Verzinsung aus den Einzahlungsüberschüssen der Investition wieder in das Unternehmen zurückfließt, d.h. bei dem der Kapitalwert einer Investition genau gleich Null ist. Es muss also gelten:

$$C_0 = -A_0 + \sum_{t=1}^{T} (E_t - A_t) \cdot q^{-t}$$

Eine Investition ist dann als sinnvoll zu betrachten, wenn sie eine Amortisationsdauer kleiner als die wirtschaftlich sinnvolle Nutzungsdauer erreicht.

Im Vergleich mehrerer Investitionen ist diejenige zu bevorzugen, welche die kürzere Amortisationsdauer hat.

Bei einer Nutzungsdauer über 2 Jahre lässt sich die oben angegebene Gleichung nicht mehr trivial lösen, so dass wie beim internen Zinsfuß Näherungsverfahren genutzt werden. Hierzu wird mit der Kapitalwert schrittweise von Jahr zu Jahr berechnet, bis erstmalig ein positiver Kapitalwert herauskommt.

Der tatsächliche Verlauf des Kapitalwerts in Abhängigkeit von der Zeit ist nicht-linear (gestrichelter Verlauf in der folgenden Abbildung). Die Amortisations-dauer wird dann durch Interpolation der Sekante (durchgezogener Verlauf in der folgenden Abbildung) als Näherungslösung bestimmt:

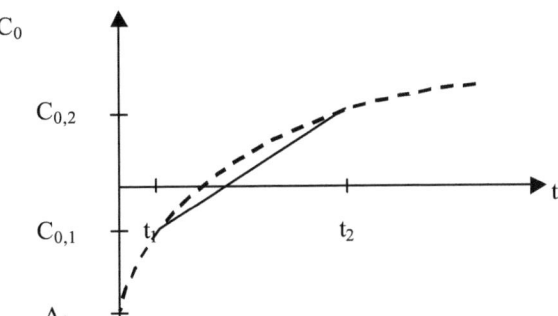

Abb. 14: Regula Falsi zur Ermittlung der Amortisationsdauer

Der gesuchte Näherungswert für die Amortisationsdauer berechnet sich dann aus dem letzten negativen und dem ersten positiven Kapitalwert:

$$T = t_1 - \frac{C_{0,1}}{C_{0,2} - C_{0,1}}$$

Dabei ist t_1 das letzte Jahr mit einem negativen Kapitalwert, $C_{0,1}$ der letzte nega-tive und $C_{0,2}$ der erste positive Kapitalwert.

Beispiel 19
Wie lang ist die jeweilige dynamische Amortisationsdauer der beiden Maschi-nen aus Beispiel 15?

Maschine I:
1. Ermittlung der kumulierten Barwerte:

Jahr	Auszahlungen	Einzahlungen	Rückfluss	q^{-n}	Barwert	kumuliert
0	2.400.000		-2.400.000	1,0000000	-2.400.000	-2.400.000
1	1.200.000	2.100.000	900.000	0,9090909	818.182	-1.581.818
2	1.237.500	2.062.500	825.000	0,8264463	681.818	-900.000
3	1.275.000	2.025.000	750.000	0,7513148	563.486	-336.514
4	1.312.500	1.987.500	675.000	0,6830135	461.034	124.520
5	1.350.000	1.950.000	600.000	0,6209213	372.553	497.073

2. Berechnung der dynamische Amortisationsdauer:

$$T = t_1 - \frac{C_{0,1}}{C_{0,2} - C_{0,1}} = 3 - \frac{-336.514}{124.520 - (-336.514)} = 3,73 \, \text{Jahre}$$

Maschine II:
1. Ermittlung der kumulierten Barwerte:

Jahr	Auszahlungen	Einzahlungen	Rückfluss	q^{-n}	Barwert	kumuliert
0	3.200.000		-3.200.000	1,0000000	-3.200.000	-3.200.000
1	1.088.000	2.120.000	1.032.000	0,9090909	938.182	-2.261.818
2	1.104.000	2.080.000	976.000	0,8264463	806.612	-1.455.207
3	1.120.000	2.040.000	920.000	0,7513148	691.210	-763.997
4	1.136.000	2.000.000	864.000	0,6830135	590.124	-173.873
5	1.152.000	1.960.000	808.000	0,6209213	501.704	327.831

2. Berechnung der dynamische Amortisationsdauer:

$$T = t_1 - \frac{C_{0,1}}{C_{0,2} - C_{0,1}} = 4 - \frac{-173.873}{327.831 - (-173.873)} = 4,35 \, \text{Jahre}$$

Da beide Maschinen eine dynamische Amortisationsdauer haben, die unter der Nutzungsdauer liegen, sind beide Investitionen sinnvoll. Nach der dynamische Amortisationsdauer ist Maschine I der Maschine II vorzuziehen.

Die dynamische Amortisationsrechnung hat gegenüber der statischen Variante den Vorteil, dass die zeitlichen Unterschiede der Zahlungen berücksichtigt werden. Die generellen Nachteile der Amortisationsrechnung bleiben aber bestehen.

3.6. Vermögensendwertmethode

Bei der Vermögensendwertmethode werden alle Ein- und Auszahlungen der mit einer Investition verbundenen Zahlungsreihe auf das Ende des Investitionszeitraums aufgezinst. Das erlaubt im Gegensatz zur Kapitalwertmethode, dass ein unterschiedlicher Zinssatz für Soll- und Habenzinsen zugrunde gelegt werden kann. Der Endwert berechnet sich wie folgt:

$$C_n = -A_0 \cdot q^n + \sum_{t=1}^{n}(E_t - A_t) \cdot q^{n-t} + L_n$$

$$C_n \ \dots \ \text{Vermögensendwert}$$

Eine Investition ist dann als sinnvoll zu betrachten, wenn sie einen **Vermögensendwert größer Null** erreicht.

Im Vergleich mehrerer Investitionen ist diejenige zu bevorzugen, welche den **höchsten Vermögensendwert** erzielt.

Da bei der Vermögensendwertmethode zwei unterschiedliche Zinssätze für Soll- und Habenzinsen verwendet werden, muss festgelegt werden, wann welcher Zinssatz Anwendung findet. Es wird hierzu zwischen dem **Kontenausgleichsverbot** und dem **Kontenausgleichsgebot** unterschieden.

Bei Annahme des Kontenausgleichsverbots wird von der Annahme ausgegangen, dass weder eine Tilgung aus Einzahlungsüberschüssen noch eine Finanzierung von Auszahlungsüberschüssen aus vorhandenem Guthaben vorgenommen wird. Überschüsse werden mit dem Habenzinssatz i_H, Defizite mit dem Sollzinssatz i_S verzinst.

Beispiel 20
Wie hoch sind die Vermögensendwerte der beiden Maschinen aus Beispiel 15 bei einem Soll-Zinssatz von 10 % und einem Haben-Zinssatz von 5 % bei Anwendung des Kontenausgleichsverbots?

Maschine I bei Anwendung des Kontenausgleichsverbots:

Jahr	Auszahlungen	Einzahlungen	Rückfluss	q^{n-t}	Barwert
0	3.200.000		-3.200.000	$1,1^5$	-5.153.632
1	1.088.000	2.120.000	1.032.000	$1,05^4$	1.254.402
2	1.104.000	2.080.000	976.000	$1,05^3$	1.129.842
3	1.120.000	2.040.000	920.000	$1,05^2$	1.014.300
4	1.136.000	2.000.000	864.000	$1,05$	907.200
5	1.152.000	1.960.000	808.000	$1,00$	808.000
C_n					-39.888

Maschine I bei Anwendung des Kontenausgleichsverbots:

Jahr	Auszahlungen	Einzahlungen	Rückfluss	q^{n-t}	Barwert
0	2.400.000		-2.400.000	$1,1^5$	-3.865.224
1	1.200.000	2.100.000	900.000	$1,05^4$	1.093.956
2	1.237.500	2.062.500	825.000	$1,05^3$	955.041
3	1.275.000	2.025.000	750.000	$1,05^2$	826.875
4	1.312.500	1.987.500	675.000	$1,05$	708.750
5	1.350.000	1.950.000	600.000	$1,00$	600.000
C_n					319.397

Bei Anwendung des Kontenausgleichsverbots ist nur die Investition in Maschine II sinnvoll.

Beim Kontenausgleichsgebot werden Einzahlungsüberschüsse in voller Höhe zur Tilgung vorhandener Schulden verwendet. Ein sich daraus ergebender negativer Vermögensstand wird mit dem Sollzinssatz i_S verzinst, ein positiver mit dem Habenzinssatz i_H. Der Endwert des laufenden Jahres berechnet sich aus dem Endwert des Vorjahres, den Zinsen auf den Endwert des Vorjahres und dem Rückfluss des laufenden Jahres. Der Endwert des letzten Jahres ist der Vermögensendwert.

Beispiel 21
Wie hoch sind die Vermögensendwerte der beiden Maschinen aus Beispiel 15 bei einem Soll-Zinssatz von 10 % und einem Haben-Zinssatz von 5 % bei Anwendung des Kontenausgleichsgebots?

Maschine I bei Anwendung des Kontenausgleichsgebots:

Jahr	Auszahlungen	Einzahlungen	Rückfluss	Endwert	Zinssatz	Zinsen
0	3.200.000		-3.200.000	-3.200.000	10%	-320.000
1	1.088.000	2.120.000	1.032.000	-2.488.000	10%	-248.800
2	1.104.000	2.080.000	976.000	-1.760.800	10%	-176.080
3	1.120.000	2.040.000	920.000	-1.016.880	10%	-101.688
4	1.136.000	2.000.000	864.000	-254.568	10%	-25.457
5	1.152.000	1.960.000	808.000	527.975		

Maschine II bei Anwendung des Kontenausgleichsgebots:

Jahr	Auszahlungen	Einzahlungen	Rückfluss	Endwert	Zinssatz	Zinsen
0	2.400.000		-2.400.000	-2.400.000	10%	-240.000
1	1.200.000	2.100.000	900.000	-1.740.000	10%	-174.000
2	1.237.500	2.062.500	825.000	-1.089.000	10%	-108.900
3	1.275.000	2.025.000	750.000	-447.900	10%	-44.790
4	1.312.500	1.987.500	675.000	182.310	5%	9.116
5	1.350.000	1.950.000	600.000	791.426		

Bei Anwendung des Kontenausgleichsgebots sind beide Investitionen sinnvoll. Maschine II ist zu bevorzugen.

Die Vermögensendwertmethode hat als dynamische Rechnung grundsätzlich die gleichen Vor- und Nachteile wie die Kapitalwertmethode. Dieser gegenüber besteht aber der Vorteil, dass mit getrennten Soll- und Habenzinsen gerechnet wird, was zu realistischeren Annahmen führt.

9. a) Wie hoch ist der Geldbetrag, den ein Sparer erhält, der 5.000 € auf einem Festzinskonto für 5 Jahre fest anlegt, wenn die Zinsen in Höhe von 6 % jährlich nachschüssig gezahlt werden?

   b) Eltern wollen das voraussichtlich in 5 Jahren beginnende Studium ihrer Tochter mit einem Betrag von 50.000 € unterstützen. Welcher Betrag müsste bei nachschüssiger jährlicher Verzinsung dazu angelegt werden, wenn der Zinssatz 5 % beträgt?

   c) Ein Gesellschafter einer OHG scheidet einvernehmlich aus der Gesellschaft aus. Um die Liquidität der Gesellschaft zu schonen, soll ihm der Wert seines Geschäftsanteils in Höhe von 100.000 € über 8 Jahre in gleichen jährlichen Raten am Ende jedes Jahres ausgezahlt werden. Wie hoch müsste bei einer angenommenen Verzinsung von 5 % die Höhe einer Rate sein, damit der Gesellschafter gegenüber der Sofortauszahlung keinen Verlust erleidet?

   d) Welcher Kontostand ergibt sich nach 10 Jahren für einen Anleger, der jährlich nachschüssig einen Betrag von 2.500 € auf ein Konto einzahlt, welches mit 6 % verzinst wird?

10. Treffen Sie mit Hilfe der Kapitalwertmethode die Entscheidung, ob die folgende Investition ökonomisch sinnvoll ist.

Anschaffungskosten   100.000 €
Nutzungsdauer   5 Jahre
kalkulatorischer Zinssatz   8 %

Jahre	1.	2.	3.	4.	5.
Einzahlungen (T€)	110	95	105	100	90
Auszahlungen (T€)	85	70	70	65	80

11. Ein Transportunternehmen plant die zusätzliche Anschaffung eines Fahrzeuges. Die Anschaffungskosten sind mit 66.000 € veranschlagt und sofort zu zahlen.

Bei einer Nutzungsdauer von 3 Jahren soll auf der Grundlage nachfolgender im Unternehmen ermittelter Werte untersucht werden, ob eine Anschaffung des Fahrzeuges sinnvoll erscheint. Angestrebt wird eine Mindestverzinsung des eingesetzten Kapitals von 11 %.

	Jahr 1	Jahr 2	Jahr 3
Fahrleistung km im Jahr	50.000	60.000	60.000
Einzahlungen €/km	1,50	1,60	1,70
Auszahlungswirksame var. Kosten €/km	0,90	1,00	1,10
Auszahlungswirksame Fixkosten €/Jahr	5.000	5.000	5.000
Abschreibung pro Jahr in €	22.000	22.000	22.000

a) Ermitteln Sie mit Hilfe der Kapitalwertmethode ob die Investition vorteilhaft für das Unternehmen ist.

b) Wie würde sich der Kapitalwert ändern wenn in der Betrachtung der Zinssatz
1. steigt
2. fällt.

c) Bei einem anderen Fahrzeug wurde durch Istabrechnung nach 4 Jahren Nutzungsdauer ein Kapitalwert von - 8.000 € bestimmt.
Im Unternehmen wird die Überlegung angestellt das Fahrzeug zu verkaufen. Welcher Verkaufserlös müsste durch das Fahrzeug realisiert werden, um eine Verzinsung des investierten Kapitals (Anschaffungskosten = 80.000 €) von 11 % zu erreichen?

12. Die Motoren GmbH plant die Anschaffung einer neuen Maschine für die Fertigung. Dem Unternehmen liegen zwei Investitionsalternativen zur Auswahl vor.

	Maschine I	Maschine II
Anschaffungsauszahlung in €	240.000	280.000
Nutzungsdauer (Jahre)	4	4
Kalkulationszinssatz (%)	10	10
geplante nachschüssige Einzahlungsüberschüsse pro Jahr (t) in €		
t_1	72.000	72.000
t_2	100.000	120.000
t_3	100.000	120.000
t_4	70.000	100.000

Bei der Maschine I wird am Ende der Nutzungsdauer mit einem Liquidationserlös von 10.000 € gerechnet.

Ermitteln Sie mithilfe der Annuitätenmethode, ob beide Investitionsalternativen als vorteilhaft anzusehen sind, und begründen Sie, für welche Alternative sich die Motoren GmbH entscheiden sollte.

13. Für die Anschaffung einer neuen Maschine der Solar Energy GmbH kommen zwei alternative Investitionsvarianten in Betracht, für die folgende Daten gelten:

Anschaffungsauszahlung je 100.000 €

Nutzungsdauer je 5 Jahre

Prognostizierte jährliche Überschüsse:

Jahr	Maschine 1	Maschine 2
1	15.000 €	35.000 €
2	20.000 €	30.000 €
3	30.000 €	25.000 €
4	35.000 €	20.000 €
5	40.000 €	15.000 €

Ermitteln Sie für die beiden Maschinen den internen Zinsfuss und geben Sie eine Handlungsempfehlung. Es wird geschätzt, dass die Verzinsung zwischen 9 % und 11 % liegt.

14. Für zwei Alternativen zur Anschaffung einer neuen Maschine der Solar Energy GmbH gelten die folgenden Daten:

Anschaffungsauszahlung je 100.000 €

Nutzungsdauer je 5 Jahre

Prognostizierte jährliche Überschüsse:

Jahr	Maschine 1	Maschine 2
1	15.000 €	35.000 €
2	20.000 €	30.000 €
3	30.000 €	25.000 €
4	35.000 €	20.000 €
5	40.000 €	15.000 €

Ermitteln Sie für die beiden Maschinen die dynamische Amortisationsdauer für einen Zinssatz von 10 % und geben Sie eine Handlungsempfehlung.

15. Für zwei Alternativen zur Anschaffung einer neuen Maschine der Solar Energy GmbH gelten die folgenden Daten:

Anschaffungsauszahlung je 100.000 €

Nutzungsdauer je 5 Jahre

Prognostizierte jährliche Überschüsse:

Jahr	Maschine 1	Maschine 2
1	15.000 €	35.000 €
2	20.000 €	30.000 €
3	30.000 €	25.000 €
4	35.000 €	20.000 €
5	40.000 €	15.000 €

Ermitteln Sie für die beiden Maschinen den Vermögensendwert für einen Sollzinssatz von 8 % und einen Habenszinssatz von 6 %

a) bei Anwendung des Kontenausgleichsverbots
b) bei Anwendung des Kontenausgleichsgebots.

4. Optimale Nutzungsdauer

4.1. Einmalige Investition

Für die Ermittlung der optimalen Nutzungsdauer einer einmaligen Investition wird ist es zweckmäßig, die Kapitalwertmethode zu verwenden. Dazu wird für jedes Jahr bis zur technisch möglichen Nutzungsdauer der jeweilige Kapitalwert ermittelt. In dem Jahr, in dem er sein Maximum erreicht, ist die optimale Nutzungsdauer erreicht.

Beispiel 22

Wie lang ist die optimale Nutzungsdauer für Maschine I aus Beispiel 15, wenn es sich um eine einmalige Investition handelt und der Liquidationserlös gleich dem Restbuchwert bei linearer Abschreibung ist?

Für die möglichen 0 bis 5 Nutzungsjahre ergeben sich die folgenden Zahlungsreihen und Kapitalwerte, wenn ein Kalkulationszinssatz von 10 % zugrunde gelegt wird:

	$t=0$	$t=1$	$t=2$	$t=3$	$t=4$	$t=5$	
A_0	2.400.000						
$E_t - A_t$		900.000	825.000	750.000	675.000	600.000	
L_t	2.400.000	1.920.000	1.440.000	960.000	480.000	0	
							C_0
$n=0$	0						0
$n=1$	-2.400.000	2.820.000					163.636
$n=2$	-2.400.000	900.000	2.265.000				290.083
$n=3$	-2.400.000	900.000	825.000	1.710.000			384.748
$n=4$	-2.400.000	900.000	825.000	750.000	1.155.000		452.367
$n=5$	-2.400.000	900.000	825.000	750.000	675.000	600.000	497.073

Der Kapitalwert erreicht sein Maximum am Ende des 5. Nutzungsjahres, die wirtschaftlich optimale Nutzungsdauer beträgt somit 5 Jahre.

4.2. Mehrmalige Investition

Bei einer mehrmaligen Investition (Investitionskette) ist zwischen einer mehrmaligen (endlichen) identischen Wiederholung und einer unendlichen identischen Wiederholung der Investition zu unterscheiden. Identisch meint in diesem Sinne wirtschaftliche Identität, d.h. gleiche Ein- und Auszahlungen.

Bei einer mehrmaligen identischen Wiederholung wird der Gesamtkapitalwert der Investitionskette maximiert. Dazu ist zunächst der maximale Kapitalwert und die optimale Nutzungsdauer der letzten Folgeinvestition wie bei einer einmaligen Investition zu ermitteln. Danach wird die optimale Nutzungsdauer der vorhergehenden Investition ermittelt, indem der Gesamtkapitalwert berechnet wird. Dazu ist dem Einzahlungsüberschuss des letzten Nutzungsjahres der Kapitalwert der Folgeinvestition hinzuzurechnen. Aus dem Maximum der Kapitalwerte ergibt sich wiederum die Nutzungsdauer der vorletzten Investition. Dies ist bis zur ersten Investition der Kette zu wiederholen.

Bei mehr als einer Folgeinvestition ist somit der Ermittlungsaufwand relativ hoch. Das Verfahren soll somit nur am Beispiel einer ein- bzw. zweimaligen Wiederholung gezeigt werden.

Beispiel 23
Die betrachtete Investition in Maschine I aus Beispiel 15 soll
a) einmal bzw.
b) zweimal
wiederholt werden.

Bei der einmaligen Wiederholung ergibt sich für die Folgeinvestition eine fünfjährige Nutzungsdauer mit einem Kapitalwert von $C_{0,2} = 497.073$ € wie bei einer einmaligen Durchführung.[3] Dieser Wert ist den Überschüssen der Basisinvestition hinzuzurechnen. Für die möglichen 0 bis 5 Nutzungsjahre der Basisinvestition ergeben sich die folgenden Zahlungsreihen und daraus die Gesamtkapitalwerte $C_{0,1\text{-}2}$ der Kette:

	$t=0$	$t=1$	$t=2$	$t=3$	$t=4$	$t=5$	
A_0	2.400.000						
$E_t - A_t$		900.000	825.000	750.000	675.000	600.000	
L_t	2.400.000	1.920.000	1.440.000	960.000	480.000	0	
$C_{0,2}$	497.073	497.073	497.073	497.073	497.073	497.073	
							$C_{0,1\text{-}2}$
$n=0$	497.073						497.073
$n=1$	-2.400.000	3.317.073					615.521
$n=2$	-2.400.000	900.000	2.762.073				700.887
$n=3$	-2.400.000	900.000	825.000	2.207.073			758.207
$n=4$	-2.400.000	900.000	825.000	750.000	1.652.073		791.874
$n=5$	-2.400.000	900.000	825.000	750.000	675.000	1.097.073	805.716

---

[3] Siehe Beispiel 21.

Der maximale Kapitalwert der Investitionskette ergibt sich somit bei einer Nutzungsdauer für die Basisinvestition von 5 Jahren und einer Nutzungsdauer für die Folgeinvestition von 5 Jahren.

Somit ergibt sich bei dreimaliger Wiederholung für die beiden Folgeinvestition je eine fünfjährige Nutzungsdauer mit einem Kapitalwert von $C_{0,2-3} = 805.716$ €. Für die möglichen 0 bis 5 Nutzungsjahre der Basisinvestition ergeben sich die folgenden Zahlungsreihen und daraus die Gesamtkapitalwerte $C_{0,1-3}$ der Kette:

	$t = 0$	$t = 1$	$t = 2$	$t = 3$	$t = 4$	$t = 5$	
A_0	2.400.000						
$E_t - A_t$		900.000	825.000	750.000	675.000	600.000	
L_t	2.400.000	1.920.000	1.440.000	960.000	480.000	0	
$C_{0,2-3}$	805.716	805.716	805.716	805.716	805.716	805.716	
							$C_{0,1-3}$
$n = 0$	805.716						805.716
$n = 1$	-2.400.000	3.625.716					896.105
$n = 2$	-2.400.000	900.000	3.070.716				955.964
$n = 3$	-2.400.000	900.000	825.000	2.515.716			990.095
$n = 4$	-2.400.000	900.000	825.000	750.000	1.960.716		1.002.682
$n = 5$	-2.400.000	900.000	825.000	750.000	675.000	1.405.716	997.359

Der maximale Kapitalwert der Investitionskette ergibt sich somit bei einer Nutzungsdauer für die Basisinvestition von 4 Jahren und einer Nutzungsdauer für die beiden Folgeinvestitionen von je 5 Jahren.

Tendenziell führen Folgeinvestitionen zu einer Verkürzung der optimalen Nutzungsdauer. Dieser Effekt ist daraus zu erklären, dass ein um ein Jahr späterer Beginn der Folgeinvestition dazu führt, dass der Zins eines Jahres des Kapitalwertes der Folgeinvestition verloren geht.

Bei einer unendlichen Wiederholung der Investition kann der maximale Kapitalwert nicht ermittelt werden. Da hier jedes Glied der Investitionskette die gleiche Nutzungsdauer hat, ist der maximale Kapitalwert immer dann erreicht, wenn die Nutzungsdauer zur maximalen Annuität führt. Damit ist für jede mögliche Nutzungsdauer der Einzelinvestition nach der Annuitätenmethode das Maximum zu ermitteln.

Beispiel 24

Die betrachtete Investition in Maschine I aus Beispiel 15 soll unendlich oft wiederholt werden. Die Annuitäten lassen sich aus den Kapitalwerten[4] wie folgt berechnen:

	C_0	An
n = 0	0	0
n = 1	163.636	1.980.000
n = 2	290.083	1.838.571
n = 3	384.748	1.701.843
n = 4	452.367	1.569.793
n = 5	497.073	1.442.393

Bei einer unendlichen Wiederholung der Investition ergibt sich somit eine optimale Nutzungsdauer von nur einem Jahr.

---

[4] Siehe Beispiel 21.

16. Für ein Unternehmen ist die Anschaffung einer neuen Fertigungsanlage erforderlich. Es wird mit einem Investitionsvolumen von 1.000.000 € gerechnet. Die Anlage kann maximal fünf Jahre genutzt werden.

Die mit der Investition verbundenen Ein- und Auszahlungen fallen nachschüssig zum Jahresende an und werden wie folgt prognostiziert:

Jahr	Einzahlungen	Auszahlungen
1	600.000 €	260.000 €
2	760.000 €	290.000 €
3	720.000 €	360.000 €
4	620.000 €	340.000 €
5	560.000 €	380.000 €

Die jeweiligen Liquidationserlöse zum Ende des Jahres entsprechen dem jeweiligen Restbuchwert bei linearer Abschreibung. Der Kalkulationszins wird mit 10 % angesetzt.

Ermitteln Sie die optimale Nutzungsdauer der Anlage unter der Annahme, dass es sich

a) um eine einmalige Investition handelt
b) die Investition unendlich wiederholt wird.

5.   Berücksichtigung von Steuern

Die bisherige Betrachtung ist stillschweigend davon ausgegangen, das Investitionen keine steuerlichen Auswirkungen haben. Dies ist jedoch keine realistische Annahme. Um eine realitätsnähere Betrachtung der Wirtschaftlichkeit von Investitionen zugrunde zu legen, sind die Ertragssteuern mit einzubeziehen. Um den Aufwand dieser Betrachtung in erträglichen Grenzen zu halten, werden im üblichen Grundmodell einige vereinfachende Annahmen getroffen.

• Die verschiedenen Ertragssteuern werden in einer einheitlichen Gewinnsteuer zusammengefasst.

• Es wird eine proportionale Besteuerung zugrunde gelegt, d.h. der Steuersatz s wird als konstant betrachtet.

• Steuerliche Gewinne oder Verluste führen in der gleichen Periode zu Steuerzahlungen oder -erstattungen.

• Ein Liquidationserlös fällt nicht oder genau in Höhe des Restbuchwertes an.

• Bemessungsgrundlage der Gewinnsteuer ist der zu versteuernde Gewinn, welcher sich aus den Periodenrückflüssen, den Abschreibungen und den Zinsen ergibt. Die Anschaffungsauszahlung hat keine steuerlichen Auswirkungen.

Periodenrückfluss	R_t $(= E_t - A_t)$
− Abschreibung	AfA_t
± Zinsaufwand/-ertrag	Z_t
= zu versteuernder Gewinn	

Die Berücksichtigung der steuerlichen Wirkung der Abschreibung erfolgt unmittelbar in der Zahlungsreihe, indem die Periodenrückflüsse um die Steuerzahlung berichtigt werden. Die Steuerzahlungen ergeben sich nach den Grundannahmen, indem der um die Abschreibung verminderte Rückfluss mit dem Steuersatz multipliziert wird.

Steuerzahlungen in Periode t: $s \cdot (R_t - AfA_t)$

Einzahlungsüberschuss nach Steuern: $R_t - s \cdot (R_t - AfA_t)$

Um den steuerlichen Effekt der Zinsen zu berücksichtigen, wird hingegen der Kalkulationszinssatz i durch den Kalkulationszinssatz nach Steuern i_{st} ersetzt. Damit wird dem Umstand Rechnung getragen, dass Steuern nicht nur bei der betrachteten Investition, sondern auch bei Zinseinnahmen aus alternativen Finanzinvestitionen anfallen.

Zinssatz nach Steuern: $\qquad i_{st} = i \cdot (1 - s)$

Damit ergibt sich die modifizierte Kapitalwertformel unter Berücksichtigung von Steuern:

$$C_0 = -A_0 + \sum_{t=1}^{n}[R_t - s \cdot (R_t - AfA_t)] \cdot q_{st}^{-t} + L_n \cdot q_{st}^{-n}$$

R	...	Einzahlungsüberschuss (= E – A)
s	...	Steuersatz
AfA	...	Abschreibung
q_{st}	...	Zinsfaktor nach Steuern

Beispiel 25

Wie hoch sind die Kapitalwerte der Maschinen I und II aus Beispiel 15 unter Berücksichtigung von Steuern? Ausgehend vom Körperschaftsteuersatz von 15 %, dem Solidaritätszuschlag von 5,5 % der Körperschaftsteuer, der Gewerbesteuermesszahl 3,5 % und einem angenommenen Hebesatz von 400 % beträgt der Unternehmenssteuersatz 29,825 %, gerundet 30 %.

Zinssatz nach Steuern: $\quad i_{st} = i \cdot (1 - s) = 10\ \% \cdot (1 - 0,3) = 7\ \%$

$$AfA_I = \frac{2.400.000\,€}{5} = 480.000\,€$$

$$AfA_{II} = \frac{3.200.000\,€}{5} = 640.000\,€$$

Die jeweiligen Steuerzahlungen der Jahre 1 bis 5 berechnen sich:
Steuern = 30 % · (Rückfluss – AfA)

Die Barwerte der der Jahre 1 bis 5 berechnen sich:

$(Rückfluss – Steuern) \cdot q_{st}^{-n}$

Kapitalwert Maschine I:

Jahr	Auszahlungen	Einzahlungen	Rückfluss	Steuern	q_{st}^{-n}	BW
0	2.400.000		-2.400.000		1,0000000	-2.400.000
1	1.200.000	2.100.000	900.000	126.000	0,9345794	723.364
2	1.237.500	2.062.500	825.000	103.500	0,8734387	630.186
3	1.275.000	2.025.000	750.000	81.000	0,8162979	546.103
4	1.312.500	1.987.500	675.000	58.500	0,7628952	470.325
5	1.350.000	1.950.000	600.000	36.000	0,7129862	402.124
C_0						372.103

Kapitalwert Maschine II:

Jahr	Auszahlungen	Einzahlungen	Rückfluss	Steuern	q_{st}^{-n}	BW
0	3.200.000		-3.200.000		1,0000000	-3.200.000
1	1.088.000	2.120.000	1.032.000	117.600	0,9345794	854.579
2	1.104.000	2.080.000	976.000	100.800	0,8734387	764.434
3	1.120.000	2.040.000	920.000	84.000	0,8162979	682.425
4	1.136.000	2.000.000	864.000	67.200	0,7628952	607.875
5	1.152.000	1.960.000	808.000	50.400	0,7129862	540.158
C_0						249.471

Auch nach der Kapitalwertmethode unter Berücksichtigung von Steuern sind beide Investitionen sinnvoll, Maschine I ist der Maschine II vorzuziehen.

Bei der Berücksichtigung von Steuern kann das sogenannte **Steuerparadoxon** vorkommen. Das bedeutet, dass eine Investition ohne Berücksichtigung von Steuern einen negativen Kapitalwert hat, unter Berücksichtigung von Steuern aber einen positiven.

Beispiel 26
Für eine Investition mit einer Anschaffungsauszahlung in Höhe von 1.200.000 €
und einer Nutzungsdauer von 5 Jahren liegen folgende Daten vor:

• Zinssatz 10 %
• Unternehmenssteuersatz 30 %
• Ein- und Auszahlungen:

Jahr	Auszahlungen	Einzahlungen
1	200.000	470.000
2	250.000	545.000
3	300.000	620.000
4	350.000	695.000
5	400.000	770.000

Wie hoch ist der Kapitalwert ohne und mit Berücksichtigung von Steuern?

Kapitalwert ohne Steuern:

Jahr	Auszahlungen	Einzahlungen	Rückfluss	q^{-n}	Barwert
0	1.200.000		-1.200.000	1,0000000	-1.200.000
1	200.000	470.000	270.000	0,9090909	245.455
2	250.000	545.000	295.000	0,8264463	243.802
3	300.000	620.000	320.000	0,7513148	240.421
4	350.000	695.000	345.000	0,6830135	235.640
5	400.000	770.000	370.000	0,6209213	229.741
C_0					-4.943

Kapitalwert mit Steuern:

Zinssatz nach Steuern: $i_{st} = i \cdot (1 - s) = 10\,\% \cdot (1 - 0{,}3) = 7\,\%$

$$AfA = \frac{1.200.000\,€}{5} = 240.000\,€$$

Jahr	Auszahlungen	Einzahlungen	Rückfluss	Steuern	q_{st}^{-n}	BW
0	1.200.000		-1.200.000		1,0000000	-1.200.000
1	200.000	470.000	270.000	9.000	0,9345794	243.925
2	250.000	545.000	295.000	16.500	0,8734387	243.253
3	300.000	620.000	320.000	24.000	0,8162979	241.624
4	350.000	695.000	345.000	31.500	0,7628952	239.168
5	400.000	770.000	370.000	39.000	0,7129862	235.998
C_0						3.968

Während der Kapitalwert ohne Berücksichtigung von Steuern negativ ist, die Investition folglich abzulehnen wäre, ist der Kapitalwert unter Berücksichtigung von Steuern positiv. Die Berücksichtigung von Steuern kann also zu einem anderen Ergebnis führen als die Berechnung ohne die Berücksichtigung von Steuern.

Im Gegensatz zu den Modellen, die eine Besteuerung völlig vernachlässigen, führt das Standardmodell der Berücksichtigung von Steuern zu realistischeren Ergebnissen. Auch wenn die Steuerrealität aufgrund der getroffenen Vereinfachungen nicht vollständig abgebildet wird, stellt das Standardmodell damit eine wesentliche Verbesserung dar.

Sollen die exakten Steuerzahlungen berücksichtigt werden, ist ein enormer Rechenaufwand erforderlich, der unter Berücksichtigung des Prognosecharakters und der damit verbundenen zahlreichen Annahmen kaum zu rechtfertigen ist.

17. Für die Anschaffung einer neuen Maschine der Solar Energy GmbH kommen zwei alternative Investitionsvarianten in Betracht, für die folgende Daten gelten:

Anschaffungsauszahlung je 100.000 €

Nutzungsdauer je 5 Jahre

Prognostizierte jährliche Überschüsse:

Jahr	Maschine 1	Maschine 2
1	15.000 €	35.000 €
2	20.000 €	30.000 €
3	30.000 €	25.000 €
4	35.000 €	20.000 €
5	40.000 €	15.000 €

Wie hoch sind die Kapitalwerte nach Steuern, wenn der Zinssatz vor Steuern 10 % und der Unternehmenssteuersatz 30 % beträgt?

6.   Nutzwertanalyse

Die Nutzwertanalyse ist ein Verfahren zur Bewertung von unterschiedlichen Handlungsalternativen, welches u.a. zur Bewertung von Investitionen verwendet werden kann. Die Besonderheit besteht darin, dass – anders als bei den quantitativen Verfahren der Investitionsrechnung i.e.S. – nichtmonetäre Bewertungskriterien berücksichtigt werden. Dabei werden den verschiedenen Bewertungskriterien Punktwerte zugeordnet, deren Aggregation den Nutzwert ergeben. Dies ermöglicht eine gewisse Objektivierung des Vergleichs. Sinnvollerweise wird die Nutzwertanalyse als Ergänzung zu den quantitativen Verfahren verwendet, wenn nichtmonetäre Bewertungskriterien die Auswahl mitbestimmen sollen.

Die Nutzwertanalyse wird i.d.R. in 5 Schritten durchgeführt:

1. Festlegung der Zielkriterien

   Zunächst müssen diejenigen Zielkriterien festgelegt werden, die in die Entscheidungsfindung einfließen sollen. Zu bevorzugen sind dabei solche Kriterien, die sich möglichst objektiv bewerten lassen. Die Kriterien müssen überschneidungsfrei sein. Die Zahl der Zielkriterien darf nicht zu hoch sein.

2. Gewichtung der Zielkriterien

   Für die Gewichtung der Zielkriterien kommen verschiedene Verfahren in Betracht. Eine sinnvolle Möglichkeit besteht darin, dass ein paarweiser Vergleich durchgeführt wird, in dem das jeweils wichtigere Kriterium einen Punkt erhält. Aus der Summe der Punkte wird dann die Gewichtung in Prozent errechnet, indem der Punktwert des Kriteriums mal 100 durch die Summe der Punkte aller Kriterien dividiert wird.

3. Bestimmung des Teilnutzens

   Der Teilnutzen einer Alternative in Bezug auf ein Zielkriterium wird in Punkten bewertet, wobei z. B. ein Punktwert von 0 (= Ungenügend) bis 5 (= Sehr Gut) vergeben werden kann.

4. Nutzwertermittlung

   Die Berechnung des Nutzwertes einer Alternative erfolgt dann, indem die Summe der gewichteten Teilnutzenswerte ermittelt wird.

5. Beurteilung der Vorteilhaftigkeit

   Zu bevorzugen ist die Alternative mit dem höchsten Nutzwert.

Beispiel 27

Die in Beispiel 1 betrachteten Fahrzeuge sollen mittels Nutzwertanalyse bewertet werden. Dabei sollen folgende Zielkriterien berücksichtigt werden:

- ZK 1: Kosten
- ZK 2: Sicherheit
- ZK 3: Ladevolumen
- ZK 4: Motorleistung.

Das Kriterium Ladevolumen (ZK 3) wird gegenüber allen anderen Kriterien als das wichtigste angesehen, die Kosten (ZK 1) sind wichtiger als Sicherheit (ZK 2) und Motorleistung (ZK 4), die Sicherheit wiederum wichtiger als die Motorleistung. Damit ergeben sich im paarweisen Vergleich folgende Punkte und daraus die Gewichtungen:

	ZK 1	ZK 2	ZK 3	ZK 4	Punkte	Gewichtung
ZK 1	1	1	0	1	3	30%
ZK 2	0	1	0	1	2	20%
ZK 3	1	1	1	1	4	40%
ZK 4	0	0	0	1	1	10%

Die Bewertung der Sicherheit erfolgt mit 0 bis 5 Punkten, die Bewertung von Motorleistung, Kosten und Ladevolumen nach folgender Skala:

Jahreskosten						
T€	>= 29	< 29 - 28	< 28 - 27	< 27 - 26	< 26 - 25	< 25
Punkte	0	1	2	3	4	5
Laderaum						
m³	< 7	7 - 7,5	> 7,5 - 8	> 8 - 8,5	> 8,5 - 9	>9
Punkte	0	1	2	3	4	5
Motorleistung						
kW	< 75	75 - 85	86 - 95	96 - 105	105 - 115	> 115
Punkte	0	1	2	3	4	5

Für die drei Alternativen wurden folgende Daten erhoben, aus denen sich die Punkte für die drei Zielkriterien ergeben:

Zielkriterium		Alternative A Wert	Alternative B Wert	Alternative C Wert
ZK 1	T€	26,2 (3)	25,31 (4)	26,42 (3)
ZK 2	Pkt.	4	3	3
ZK 3	m³	8,4 (3)	7,8 (2)	8,2 (3)
ZK 4	kW	100 (3)	94 (2)	110 (4)

Damit lassen sich die Nutzwerte der drei Alternativen berechnen:

Ziel-kriterium	Gewich-tung	Alternative A		Alternative B		Alternative C	
		Punkte	Teilnutzen	Punkte	Teilnutzen	Punkte	Teilnutzen
ZK 1	30%	3	0,9	4	1,2	3	0,9
ZK 2	20%	4	0,8	3	0,6	3	0,6
ZK 3	40%	3	1,2	2	0,8	3	1,2
ZK 4	10%	3	0,3	2	0,2	4	0,4
Summe	100%		3,2		2,8		3,1

Alternative A wäre somit nach der Nutzwertanalyse zu bevorzugen.

18. Die Multiplex KG plant die Anschaffung einer neuen Fertigungsanlage. Da der Preis nur eines von mehreren Entscheidungskriterien ist, soll eine Nutzwertanalyse durchgeführt werden.

Folgende Zielkriterien sollen in die Auswahl einbezogen werden:

• ZK 1: Preis
• ZK 2: Betriebskosten
• ZK 3: Flexibilität
• ZK 4: Technischer Support.

Für den Preis wird folgende Skala festgelegt:

Preis						
T€	< 75	75 - 80	> 80 - 85	> 85 - 90	> 90 - 95	> 95
Punkte	5	4	3	2	1	0

Es liegen drei Angebote vor, für die folgende Daten zur Bewertung gelten (Preis in T€, die anderen Kriterien in Punkten):

Kriterien	Bewertung		
	Angebot 1	Angebot 2	Angebot 3
ZK 1: Preis	78	73	81
ZK 2: Betriebskosten	4	4	5
ZK 3: Flexibilität	4	3	5
ZK 4: Technischer Support	5	3	5

Für die Gewichtung der Kriterien gilt folgendes:

Der Preis wird als wichtigstes Kriterium angesehen. Der technische Support ist wichtiger als die Betriebskosten. Die Flexibilität gilt als unwichtigstes Kriterium.

Erstellen Sie eine Nutzwertanalyse und treffen Sie eine Entscheidung.

7. Investitionsentscheidungen bei unvollkommenen Informationen

7.1. Überblick

In den bisher betrachteten Berechnungen wurde (stillschweigend) unterstellt, dass alle **entscheidungsrelevanten Informationen** bekannt sind. Häufig liegen jedoch nur unvollkommene Informationen vor, da die Entscheidungen von zukünftigen Bedingungen abhängen, die nicht mit Sicherheit vorausgesagt werden können. Dabei lassen sich in Abhängigkeit von den vorliegenden Informationen verschiedene Fallkonstellationen unterscheiden:

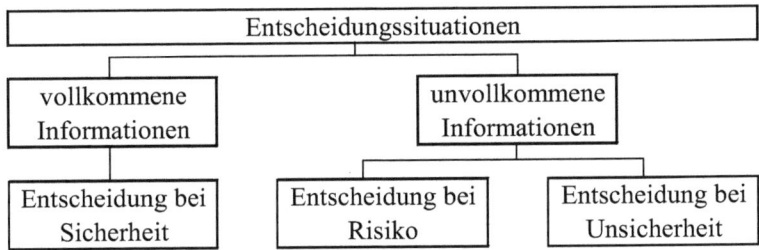

Abb. 15: Mögliche Entscheidungssituationen

Sind alle entscheidungsrelevanten Informationen bekannt, handelt es sich um **Entscheidungen bei Sicherheit.**

Entscheidungen bei Risiko liegen vor, wenn mehrere unterschiedliche Umweltzustände in Betracht kommen, deren Eintrittswahrscheinlichkeiten bestimmt werden können. Eintrittswahrscheinlichkeiten können wiederum entweder objektiv ermittelt – i.d.R. mittels statistischer Methoden – oder subjektiv geschätzt sein. In vielen Fällen ist eine Bestimmung von Eintrittswahrscheinlichkeiten möglich.

Eine **Entscheidung bei Unsicherheit** ist zu treffen, wenn mehrere unterschiedliche Umweltzustände in Betracht kommen, deren Eintrittswahrscheinlichkeiten nicht ermittelt werden können.

Die Darstellung des Entscheidungsfeldes erfolgt typischerweise in Form einer **Ergebnismatrix**, in deren Zeilen die möglichen Aktionen (= Handlungsalternativen) und in deren Spalten die Umweltzustände dargestellt werden. Die Zellen der Matrix enthalten die jeweiligen Ergebnisse.

Beispiel 28

Ein Unternehmen plant eine Investition. Es kommen die zwei Investitionsobjekte A1 und A2 in Betracht. Die zu erwartenden Kapitalwerte hängen von der konjunkturellen Entwicklung in den nächsten zwei Jahren ab. Diesbezüglich kommen drei Umweltzustände in Betracht: Ein Konjunkturaufschwung (U1), eine gleichbleibende Konjunktur (U2) oder ein Konjunkturabschwung (U3). Für diese drei Konjunkturszenarien wurden die Kapitalwerte der beiden Investitionsobjekte bereits berechnet. Es ergibt sich folgende Ergebnismatrix:

U / A	U1	U2	U3
A1	5.000	3.000	2.000
A2	7.000	3.000	-1.000

Abb. 16: Ergebnismatrix

7.2.   Entscheidung bei Risiko

Die einfachste Entscheidungsregel bei Risiko ist die **μ-Regel (Bayes-Regel)**. Sie geht von einem risikoneutralen Entscheider aus. In diesem Fall ist die Alternative mit dem höchsten Erwartungswert zu bevorzugen. Der Erwartungswert (μ) errechnet sich als Summe der Produkte aus den Ergebnissen, im vorliegenden Fall den Kapitalwerten der einzelnen Szenarien, und deren Wahrscheinlichkeiten (w):

$$\mu = \Sigma \, C_{0,i} \cdot w_i$$

Beispiel 29

Für die Daten aus Beispiel 28 werden folgende Wahscheinlichkeiten zugrunde gelegt: Ein Konjunkturaufschwung (U1) wird mit einer Wahrscheinlichkeit von w1 = 0,3 erwartet, eine gleichbleibende Konjunktur (U2) mit einer Wahrscheinlichkeit von w2 = 0,5 und ein Konjunkturabschwung (U3) mit einer Wahrscheinlichkeit von w3 = 0,2. Damit ergeben sich folgende Erwartungswerte:

U / A	U1 $w_1 = 0,3$	U2 $w_2 = 0,5$	U3 $w_3 = 0,2$	μ
A1	5.000	3.000	2.000	3.400
A2	7.000	3.000	-1.000	3.400

Die Alternativen sind nach der Bayes-Regel somit gleichwertig.

Bei der **μ-σ-Regel** wird zusätzlich das Risiko in die Entscheidung mit einbezogen. Als Maß für das Risiko wird i.d.R. die Standardabweichung σ erfasst.

$$\sigma = \sqrt{\sum_{i=1}^{n} w_i \cdot (C_{0,i} - \mu)^2}$$

Beispiel 30
Bezogen auf die Daten aus Beispiel 29 ergibt sich:

$$\sigma_1 = \sqrt{0{,}3 \cdot (5.000 - 3.400)^2 + 0{,}5 \cdot (3.000 - 3.400)^2 + 0{,}2 \cdot (2.000 - 3.400)^2} = 1.113{,}55$$

$$\sigma_2 = \sqrt{0{,}3 \cdot (7.000 - 3.400)^2 + 0{,}5 \cdot (3.000 - 3.400)^2 + 0{,}2 \cdot (-1.000 - 3.400)^2} = 2.800$$

Ausgehend von der Risikobereitschaft kann dann ein Entscheidungspräferenzwert (P) der Alternativen berechnet werden.

$$P(A_i) = \mu(A_i) + \alpha \cdot \sigma(A_i)$$

Das Maß der Risikobereitschaft wird über den Risikopräferenzfaktor (α) festgelegt: bei Risikoneutralität ist α = 0, bei risikoscheuen Entscheidern negativ und bei risikofreudigen Entscheidern positiv.

Bei Annahme eines risikoscheuen Entscheiders wäre somit Alternative A1 zu bevorzugen, da diese bei weniger Risiko den gleichen Erwartungswert hat, für einen risikofreudigen Entscheider A2.

7.3.   Entscheidung bei Unsicherheit

Die Entscheidung bei Unsicherheit geht von der Annahme aus, dass die Eintrittswahrscheinlichkeiten der verschiedenen Umweltzustände nicht bekannt sind. Für diese Situation kommen verschiedene Regeln in Betracht:

Nach der **Laplace-Regel** werden allen Umweltzuständen die gleichen Eintrittswahrscheinlichkeiten zugebilligt. Die Alternative mit dem höchsten Erwartungswert ist zu bevorzugen. Die Laplace-Regel ist somit ein Spezialfall der Bayes-Regel.

Beispiel 31

Für die Daten aus Beispiel 28 ergeben sich nach der Laplace-Regel folgende Erwartungswerte:

U\\A	U1 $w_1 = 0,33$	U2 $w_2 = 0,33$	U3 $w_3 = 0,33$	μ
A1	5.000	3.000	2.000	3.333
A2	7.000	3.000	-1.000	3.000

Somit wäre A1 zu bevorzugen.

Die **Minimax-Regel (Waldregel)** bevorzugt die Wahl der Alternative, deren schlechtester Wert in Vergleich zu denen der Alternativen am höchsten ist.

Beispiel 32

Für die Daten aus Beispiel 28 ist der schlechteste Wert von A1 2.000, der schlechteste Wert von A2 -1.000. Somit ist A1 zu bevorzugen.

Bei der **Maximax-Regel** wird demgegenüber von Risikofreude ausgegangen. Zu wählen ist die Alternative mit dem höchstmöglichen Ergebniswert.

Beispiel 33

Für die Daten aus Beispiel 28 ist der beste Wert von A1 5.000, der beste Wert von A2 7.000. Zu bevorzugen ist A2.

Bei der **Savage-Niehans-Regel (Regel des kleinsten Bedauerns)** soll der Wert der maximalen Abweichung vom besten Wert des gleichen Umweltzustandes minimiert werden. Dazu ist zunächst eine Matrix der Abweichungen aufzustellen.

Beispiel 34

Für die Daten aus Beispiel 28 ergibt sich folgende Abweichungsmatrix:

U\\A	U1	U2	U3
A1	2.000	0	0
A2	0	0	3.000

Die Maximalabweichung von A1 ist 2.000, die von A2 3.000. Zu bevorzugen ist somit A1.

19. Für eine Investition kommen zwei Alternativen in Betracht, deren Kapitalwerte für drei Umweltzustände bereits ermittelt wurden:

A \ U	U1 $w_1 = 0{,}4$	U2 $w_2 = 0{,}5$	U3 $w_3 = 0{,}1$
A1	6.000	5.000	1.000
A2	8.000	4.000	-2.000

a) Berechnen Sie den Erwartungswert und die Standardabweichung der beiden Alternativen.

b) Für welche Alternative würde sich ein risikoscheuer Entscheider aussprechen?

8. Investitionsprogrammentscheidungen

Bei den bisherigen Methoden wurde jeweils betrachtet, ob eine Einzelinvestition vorteilhaft ist. Demgegenüber berücksichtigt die Entscheidung über Investitionsprogramme die Vorteilhaftigkeit der **Kombination mehrerer, sich gegenseitig nicht ausschließender Investitionen.** Bei einem unvollkommenen Kapitalmarkt bestehen Abhängigkeiten zwischen Finanzierung und Investition, so dass nicht alle in Betracht kommenden Investitionen getätigt werden können. Ziel der Investitionsprogrammplanung ist es, die Investitionsobjekte auszuwählen, die realisiert werden sollen.

Zur Bestimmung eines optimalen Investitionsprogramms lassen sich **sukzessive** und **simultane** Planungen unterscheiden. Bei der sukzessiven Finanzierungs- und Investitionsplanung wird zunächst die Finanzierung geplant. Danach wird in Abhängigkeit vom Finanzbudget geplant, welche Investitionen getätigt werden sollen. Die simultane Finanzierungs- und Investitionsplanung berücksichtigt die gegenseitige Abhängigkeit und plant daher Investitionen und deren Finanzierung gleichzeitig.

Ein relativ einfaches Modell der simultanen Finanzierungs- und Investitionsplanung ist das **Dean-Modell.** Dabei werden zunächst die Investitionen in eine Rangfolge nach fallenden internen Zinsfüßen und die Finanzierungen nach steigenden Zinsen geordnet. Daraus ergeben sich die Kapitalnachfrage- und -angebotsfunktion. Als Optimum ergibt sich der Schnittpunkt aus Kapitalnachfrage- und -angebotsfunktion.

Beispiel 35:
Für ein Unternehmen kommen folgende Investitionen in Betracht, deren interne Zinsfüße bereits berechnet und daraus die Rangfolge bestimmt wurde:

Investition	A_0 T€	interner Zinsfuß	Rang
I1	500	8%	4
I2	800	12%	2
I3	300	10%	3
I4	200	15%	1
I5	600	6%	5

Für die Finanzierung kommen verschiedene Finanzierungsquellen in Betracht:

Finanzierungs-quelle	Betrag T€	Zins	Rang
Eigenkapital	300	4%	1
Kredit 1	600	7%	2
Kredit 2	500	9%	3
Kredit 3	600	12%	4
Kredit 4	400	15%	5

Daraus ergibt sich die Kapitalnachfrage- und -angebotsfunktion:

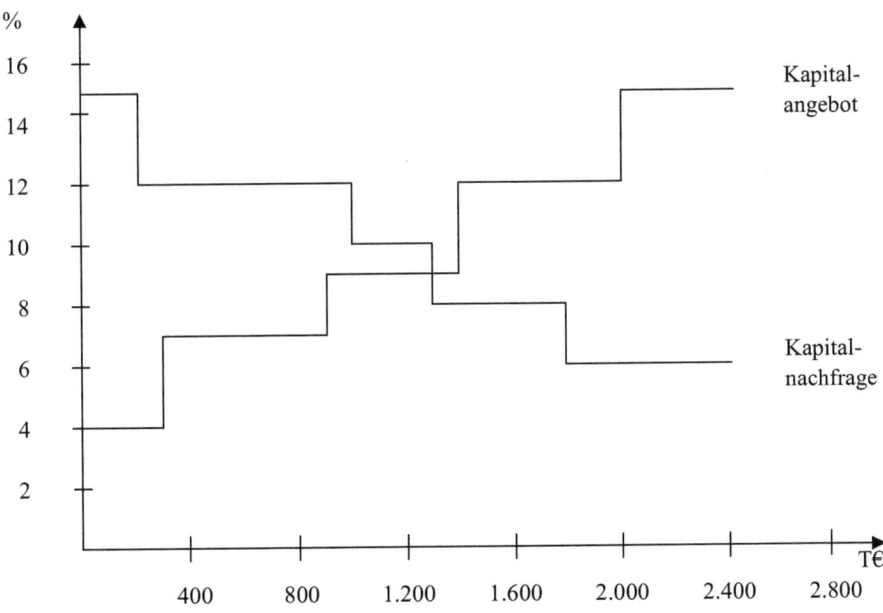

Geht man von einer Teilbarkeit der Kredite aus, so ergibt sich demnach als optimales Finanzierungs- und Investitionsprogramm:

Die Investitionen I4, I2 und I3 im Gesamtvolumen von 1.300 T€ werden realisiert und aus 300 T€ Eigenkapital, 600 T€ Kredit 1 und 400 T€ Kredit 2 finanziert.

Wenn der Schnittpunkt wie im vorherigen Beispiel im Bereich einer Finanzierung liegt, ist die Lösung bei der normalerweise gegebenen Teilbarkeit der Finanzierungsquellen eindeutig.

Liegt der Schnittpunkt jedoch im Bereich einer Investition, sind zwei Fälle zu unterscheiden: eine teilbare Investition, z. B. eine Finanzinvestition oder eine nicht teilbare Investition, z. B. eine Maschine.

Beispiel 36:
Für ein Unternehmen kommen folgende Investitionen in Betracht, deren interne Zinsfüße bereits berechnet und daraus die Rangfolge bestimmt wurde:

Investition	A_0 TE	interner Zinsfuß	Rang
I1	300	9%	3
I2	200	15%	1
I3	500	12%	2

Für die Finanzierung kommen verschiedene Finanzierungsquellen in Betracht:

Finanzierungs- quelle	Betrag TE	Zins	Rang
Eigenkapital	300	8%	1
Kredit 1	300	10%	2
Kredit 2	400	14%	3

Daraus ergibt sich folgende Kapitalnachfrage- und -angebotsfunktion:

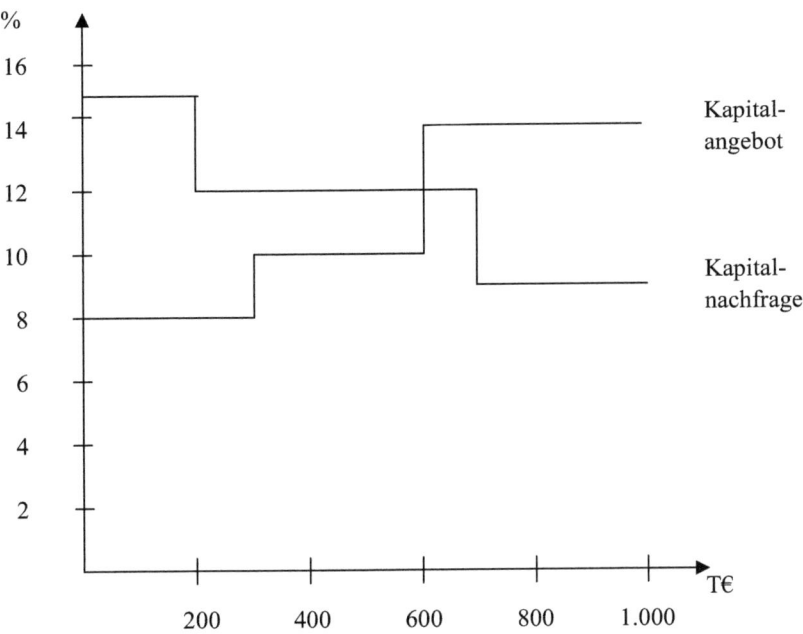

Sofern die Investition I3 teilbar ist, sind die Investitionen I2 in voller Höhe und I3 in Höhe von 400 T€ aus Eigenkapital und dem Kredit 1 zu finanzieren.

Ist die Investition I3 nicht teilbar, muss berechnet werden, ob die Investition getätigt werden soll, wenn die fehlenden 100 T€ zu 14 % finanziert werden, obwohl der interne Zins nur 12 % beträgt. Dazu sind zusätzliche Rendite und zusätzlicher Zins zu berechnen. Die zusätzliche Rendite berechnet sich:

500 T€ · 12 % = 60 T€

Bei den zusätzlichen Zinsen ist zu berücksichtigen, dass 100 T€ aus Eigenkapital, 300 T€ aus Kredit 1 und 100 T€ aus Kredit 2 zu finanzieren sind.

100 T€ · 8 % + 300 T€ · 10 % + 100 € · 14 % = 52 T€

Die Investition I3 ist also auch bei Unteilbarkeit zu realisieren, da die zusätzliche Rendite höher als der zusätzliche Zins ist.

20. Für ein Unternehmen kommen folgende Investitionen in Betracht, deren interne Zinsfüße bereits berechnet wurden:

Investition	A_0 T€	interner Zinsfuß
I1	300	8%
I2	200	12%
I3	400	10%
I4	300	14%

Für die Finanzierung kommen verschiedene Finanzierungsquellen in Betracht:

Finanzierungs- quelle	Betrag T€	Zins
Eigenkapital	300	6%
Kredit 1	300	8%
Kredit 2	400	12%
Kredit 3	200	15%

Ermitteln Sie das optimale Investitions- und Finanzierungsprogramm nach dem Dean-Modell. Gehen Sie davon aus, dass die Investitionen nicht teilbar und die Finanzierungsquellen teilbar sind.

Lösungen zu den Übungsaufgaben

1. Der vermögensorientierte Investitionsbegriff ist bezogen auf die Bilanz. Er geht von der Verwendung von Kapital für die Beschaffung materieller oder immaterieller Vermögensgegenstände des Anlagevermögens aus. Der Begriff der Investition bezieht sich somit auf die Frage der Mittelverwendung, also auf die Aktivseite der Bilanz.

   Beim zahlungsorientierten Investitionsbegriff wird eine Investition durch einen Zahlungsstrom gekennzeichnet, der mit einer Auszahlung beginnt und in der Folge zu Ein- und Auszahlungen führt.

2. z. B.:
   Sachinvestitionen:
   • Maschinen
   • Gebäude
   • Grundstücke

   Finanzinvestitionen:
   • Anteile an anderen Unternehmen (z. B. Aktien)
   • Anleihen anderer Unternehmen
   • öffentliche Anleihen

   Immaterielle Investitionen:
   • Lizenzen
   • Patente
   • Marken

3. Die statischen Investitionsrechnungen sind Einperiodenverfahren, da sie die der Investitionsentscheidung zugrunde liegenden Werte für eine durchschnittliche Periode (i.d.R.. ein Jahr) berechnet. Zeitliche Unterschiede zwischen Ein- und Auszahlungen werden hierbei nicht berücksichtigt. Sie verwendet als Daten z. B. Kosten, Erlöse und Gewinne aus der Finanzbuchhaltung bzw. Kosten- und Leistungsrechnung.

   Die dynamische Investitionsrechnung berücksichtigt alle Perioden (Mehrperiodenverfahren). Sie berücksichtigt als Daten Auszahlungen und Einzahlungen zu unterschiedlichen Zeitpunkten unter Berücksichtigung der Verzinsung.

4. a)

	Maschine 1	Maschine 2
Abschreibung €	285.000	270.000
Kalk. Zinsen €	75.600	69.600
Sonst. Fixkosten €	36.000	30.000
Summe Fixkosten €	396.600	369.600
Fertigungslöhne €/St.	63,00	66,00
Fertigungsmaterial €/St.	24,00	26,40
Sonst. variable Kosten €/St.	12,00	13,20
Summe variable Kosten €/St.	99,00	105,60
Variable Kosten gesamt € (bei 4.400 St.)	435.600	464.640
Gesamtkosten €	832.200	834.240

Maschine 1 ist zu bevorzugen.

4. b)

$$x = \frac{K_{fix,1} - K_{fix,2}}{k_{var,2} - k_{var,1}} = \frac{27.000\,€}{6,60\,€/St.} = 4.090,9\,St.$$

Bis 4.090 Stück wäre Maschine 2 zu bevorzugen, ab 4.091 Stück Maschine 1.
Da die momentane Auslastung über der kritischen Menge liegt, ist Maschine 1
zu bevorzugen.

5. a)

Fahrzeugtyp	A	B
kalkulatorische Abschreibung pro Jahr (€)	7.500,00	10.000,00
kalkulatorische Zinsen pro Jahr (€)	1.200,00	1.600,00
Kfz-Steuer pro Jahr (€)	950,00	1.050,00
Kfz-Versicherung pro Jahr (€)	850,00	850,00
fixe Kosten (€)	10.500,00	13.500,00
Benzinkosten (€/km)	0,14	0,14
Reparatur- und Wartungskosten (€/km)	0,09	0,04
variable Kosten (€/km)	0,23	0,18

Kosten bei jährlicher Kilometerleistung 80.000 km:

A: 10.500 € + 80.000 km · 0,23 €/km = 28.900 €
B: 13.500 € + 80.000 km · 0,18 €/km = 27.900 €

Fahrzeugtyp B ist kostengünstiger.

5. b) $\quad x = \dfrac{K_{fx,B} - K_{fix,A}}{k_{var,A} - k_{var,B}} = \dfrac{3.000\,€}{0,05\,€\,/\,km} = 60.000\,km$

$\Rightarrow$ unter 60.000 km ist Fahrzeug A zu bevorzugen, darüber Fahrzeug B

6. a)

Erlöse Alternative 1 $\quad = \quad$ 18 €/Stck. $\cdot$ 20.000 Stck./Jahr = 360.000 €/Jahr
Kosten Alternative 1 $\quad = \quad$ 312.000 €/Jahr
Gewinn Alternative 1 $\quad = \quad$ 48.000 €/Jahr

Erlöse Alternative 2 $\quad = \quad$ 19 €/Stck. $\cdot$ 20.000 Stck./Jahr = 380.000 €/Jahr
Kosten Alternative 2 $\quad = \quad$ 327.000 €/Jahr
Gewinn Alternative 2 $\quad = \quad$ 53.000 €/Jahr

Der Auftrag sollte angenommen werden, da er Gewinn erzielt. Alternative 2 ist zu bevorzugen, da der Gewinn höher ist.

6. b)

Alternative 1:
Variable Kosten $\quad = \quad$ 270.000 €
Fixkosten $\quad = \quad$ 42.000 €
variable Stückkosten $\quad = \quad$ 13,50 €/Stck.
Deckungsbeitrag $\quad = \quad$ 4,50 €/Stck.

Alternative 2:
Variable Kosten $\quad = \quad$ 300.000 €
Fixkosten $\quad = \quad$ 27.000 €
variable Stückkosten $\quad = \quad$ 15,00 €/Stck.
Deckungsbeitrag $\quad = \quad$ 4,00 €/Stck.

$$x = \frac{K_{fix,1} - K_{fix,2}}{db_1 - db_2} = \frac{42.000\,€ - 27.000\,€}{4,50\,€\,/\,Stck. - 4,00\,€\,/\,Stck.} = 30.000\,Stck.$$

$\Rightarrow$ unter 30.000 Stck. ist Alternative 2 zu bevorzugen, darüber Alternative 1

7. Gewinn I $=$ (270 € – 240 €) · 10.000 = 300.000 €

Gewinn II $=$ (270 € – 235 €) · 10.000 = 350.000 €

$$\text{Zinsen I} = \frac{2.400.000 \, € + 200.000 \, €}{2} \cdot 10\% = 130.000 \, €$$

$$\text{Zinsen II} = \frac{3.200.000 \, € + 400.000 \, €}{2} \cdot 10\% = 180.000 \, €$$

$$r_I = \frac{\text{Gewinn} + \text{Zinsen}}{\text{durchschn. Kapitaleinsatz}} = \frac{300.000 \, € + 130.000 \, €}{(2.400.000 \, € + 200.000 \, €) : 2} \cdot 100$$
$$r_I = 33,08\%$$

$$r_{II} = \frac{\text{Gewinn} + \text{Zinsen}}{\text{durchschn. Kapitaleinsatz}} = \frac{350.000 \, € + 180.000 \, €}{(3.200.000 \, € + 400.000 \, €) : 2} \cdot 100$$
$$r_{II} = 29,44\%$$

Anlage I ist aufgrund der höheren Rentabilität zu bevorzugen.

8. a) Durchschnittsgewinn Maschine 1 $= 27.000 \, €$

$$\text{Abschreibung} = \frac{A_0 - L_n}{n} = \frac{144.000 - 6.000}{6} = 23.000 \, €$$
$$\text{Amortisationsdauer} = \frac{A_0}{G + K_{Ab}} = \frac{144.000}{27.000 + 23.000} = 2,88 \, \text{Jahre}$$

Durchschnittsgewinn Maschine 2 $= 27.000 \, €$

$$\text{Abschreibung} = \frac{A_0 - L_n}{n} = \frac{135.000 - 3.000}{6} = 22.000 \, €$$
$$\text{Amortisationsdauer} = \frac{A_0}{G + K_{Ab}} = \frac{135.000}{27.000 + 22.000} = 2,76 \, \text{Jahre}$$

8. b) Maschine 1:

Jahr	Gewinn	Abschreibung	Rückfluss	kumuliert
1	24.000 €	23.000 €	47.000 €	47.000 €
2	28.000 €	23.000 €	51.000 €	98.000 €
3	32.000 €	23.000 €	55.000 €	153.000 €
4	28.000 €	23.000 €	51.000 €	204.000 €
5	20.000 €	23.000 €	43.000 €	247.000 €
6	30.000 €	23.000 €	53.000 €	300.000 €

Die volle Amortisation ergibt sich nach 3 Jahren (t* = 3). Die exakte Amortisationsdauer ist:

$$T = (t*-1) + \frac{A_0 - \sum_{t=1}^{t*-1} G_t + K_{Ab}}{G_{t*} + K_{Ab}} = 2 + \frac{144.000\,€ - 98.000\,€}{32.000\,€ + 23.000\,€} = 2,84\,\text{Jahre}$$

Maschine 2:

Jahr	Gewinn	Abschreibung	Rückfluss	kumuliert
1	19.000 €	22.000 €	41.000 €	41.000 €
2	24.000 €	22.000 €	46.000 €	87.000 €
3	24.000 €	22.000 €	46.000 €	133.000 €
4	32.000 €	22.000 €	54.000 €	187.000 €
5	38.000 €	22.000 €	60.000 €	247.000 €
6	25.000 €	22.000 €	47.000 €	294.000 €

Die volle Amortisation ergibt sich nach 4 Jahren (t* = 4). Die exakte Amortisationsdauer ist:

$$T = (t*-1) + \frac{A_0 - \sum_{t=1}^{t*-1} G_t + K_{Ab}}{G_{t*} + K_{Ab}} = 3 + \frac{135.000\,€ - 133.000\,€}{32.000\,€ + 22.000\,€} = 3,04\,\text{Jahre}$$

9. a) $K_n = E_0 \cdot q^n$
$K_n = 5.000\ € \cdot 1,06^5 = 6.691,13\ €$

9. b) $K_0 = E_n \cdot q^{-n}$
$K_0 = 50.000\ € \cdot 1,05^{-5} = 39.176,31\ €$

9. c)

$$E = K_0 \cdot \frac{q^n \cdot i}{q^n - 1}$$

$$E = 100.000\,€ \cdot \frac{1,05^8 \cdot 0,05}{1,05^8 - 1} = 15.472,18\ €$$

9. d)

$$K_n = E \cdot \frac{q^n - 1}{i}$$

$$K_n = 2.500\,€ \cdot \frac{1,06^{10} - 1}{0,06} = 32.951,99\ €$$

10.

Zeitpunkt	Einzahlung	Auszahlung	Differenz	Barwert
0		100.000	- 100.000	- 100.000,00
1	110.000	85.000	25.000	23.148,15
2	95.000	70.000	25.000	21.433,47
3	105.000	70.000	35.000	27.784,13
4	100.000	65.000	35.000	25.726,04
5	90.000	80.000	10.000	6.805,83
Kapitalwert				4.897,62

Die Investition ist vorteilhaft, da Verzinsung über 8 % ist (Der Kapitalwert ist positiv).

11. a) Hinweis: Abschreibungen sind keine Auszahlungen.

Zeitpunkt	Einzahlung	Auszahlung	Differenz	Barwert
0		66.000	- 66.000	- 66.000,00
1	75.000	50.000	25.000	22.522,52
2	96.000	65.000	31.000	25.160,30
3	102.000	71.000	31.000	22.666,93
Kapitalwert				4.349,75

Die Investition ist vorteilhaft, da die Verzinsung über 11 % ist (Der Kapitalwert ist positiv).

11. b) Wenn der Zinssatz steigt, sinkt der Kapitalwert; wenn der Zinssatz sinkt, steigt der Kapitalwert.

11. c) Der Barwert des Verkaufserlöses müsste genau 8.000 € betragen, um den Kapitalwert 0, somit Zinsen von 11 % zu erhalten:

$$L_n \cdot q^4 = 8.000 \ € \times 1{,}11^4 = 12.144{,}56 \ €$$

12. Maschine I:

Zeitpunkt	Überschüsse	Barwert
0	- 240.000	- 240.000,00
1	72.000	65.454,55
2	100.000	82.644,63
3	100.000	75.131,48
4	80.000	54.641,08
Kapitalwert		37.871,73

$$An = C_0 \cdot \frac{q^n \cdot i}{q^n - 1} = 37.871{,}73 \ € \cdot 0{,}315471 = 11.947{,}43 \ €$$

Maschine II:

Zeitpunkt	Überschüsse	Barwert
0	- 280.000	- 280.000,00
1	72.000	65.454,55
2	120.000	99.173,55
3	120.000	90.157,78
4	100.000	68.301,35
Kapitalwert		43.087,22

$$An = C_0 \cdot \frac{q^n \cdot i}{q^n - 1} = 43.087,22 \, € \cdot 0,315471 = 13.592,77 \, €$$

Beide Investitionen sind vorteilhaft, da die Annuitäten positiv sind, d. h., die Investitionen verzinsen sich mit 10 %, darüber hinaus werden p.a. 11.947,43 € bzw. 13.592,77 € erwirtschaftet.

Da die Maschine II den höheren Kapitalwert und die höhere Annuität aufweist, ist die Investition so vorzuziehen.

13.

Maschine 1		9%			11%	
Zeitpunkt	Überschüsse	Barwert	Zeitpunkt	Überschüsse	Barwert	
0	- 100.000	- 100.000,00	0	- 100.000	- 100.000,00	
1	15.000	13.761,47	1	15.000	13.513,51	
2	20.000	16.833,60	2	20.000	16.232,45	
3	30.000	23.165,50	3	30.000	21.935,74	
4	35.000	24.794,88	4	35.000	23.055,58	
5	40.000	25.997,26	5	40.000	23.738,05	
Kapitalwert		4.552,71			- 1.524,67	

$$i = 9 - 4.552,71 \cdot \frac{11 - 9}{-1.524,67 - 4.552,71} = 10,50 \, \%$$

Maschine 2		9%			11%	
Zeitpunkt	Überschüsse	Barwert	Zeitpunkt	Überschüsse	Barwert	
0	- 100.000	- 100.000,00	0	- 100.000	- 100.000,00	
1	35.000	32.110,09	1	35.000	31.531,53	
2	30.000	25.250,40	2	30.000	24.348,67	
3	25.000	19.304,59	3	25.000	18.279,78	
4	20.000	14.168,50	4	20.000	13.174,62	
5	15.000	9.748,97	5	15.000	8.901,77	
Kapitalwert		582,55			- 3.763,63	

$$i = 9 - 582,55 \cdot \frac{11 - 9}{-3.763,63 - 582,55} = 9,27 \, \%$$

Die Investition in die Maschine 1 sollte getätigt werden, da diese eine Verzinsung über dem Kalkulationszinssatz erzielt. Demgegenüber ist die Investition in Maschine 2 abzulehnen.

14.
Maschine 1:

1. Ermittlung der kumulierten Barwerte:

Jahr	Rückfluss	q^{-n}	Barwert	kumuliert
0	-100.000	1,0000000	-100.000	-100.000
1	15.000	0,9090909	13.636	-86.364
2	20.000	0,8264463	16.529	-69.835
3	30.000	0,7513148	22.539	-47.295
4	35.000	0,6830135	23.905	-23.390
5	40.000	0,6209213	24.837	1.447

2. Berechnung der dynamische Amortisationsdauer:

$$T = t_1 - \frac{C_{0,1}}{C_{0,2} - C_{0,1}} = 4 - \frac{-23.390}{1.447 - (-23.390)} = 3,94 \, \text{Jahre}$$

Die Amortisation tritt erst kurz vor dem Ende der Nutzungsdauer ein.

Maschine 2:

1. Ermittlung der kumulierten Barwerte:

Jahr	Rückfluss	q^{-n}	Barwert	kumuliert
0	-100.000	1,0000000	-100.000	-100.000
1	35.000	0,9090909	31.818	-68.182
2	30.000	0,8264463	24.793	-43.388
3	25.000	0,7513148	18.783	-24.606
4	20.000	0,6830135	13.660	-10.945
5	15.000	0,6209213	9.314	-1.631

Innerhalb der Nutzungsdauer amortisiert sich Maschine 2 nicht, die Investition ist daher abzulehnen.

15. a)

Maschine 1 bei Anwendung des Kontenausgleichsverbots:

Jahr	Rückfluss	q^{n-t}	Barwert
0	-100.000	$1,08^5$	-146.933
1	15.000	$1,06^4$	18.937
2	20.000	$1,06^3$	23.820
3	30.000	$1,06^2$	33.708
4	35.000	$1,06$	37.100
5	40.000	$1,00$	40.000
C_n			6.633

Maschine 2 bei Anwendung des Kontenausgleichsverbots:

Jahr	Rückfluss	q^{n-t}	Barwert
0	-100.000	$1,08^5$	-146.933
1	35.000	$1,06^4$	44.187
2	30.000	$1,06^3$	35.730
3	25.000	$1,06^2$	28.090
4	20.000	$1,06$	21.200
5	15.000	$1,00$	15.000
C_n			-2.726

Nur die Investition in Maschine 1 ist bei Anwendung des Kontenausgleichsverbots sinnvoll, da der Vermögensendwert positiv ist, wärend Maschine 2 einen negativen Vermögensendwert liefert.

15. b)

Maschine 1 bei Anwendung des Kontenausgleichsgebots:

Jahr	Rückfluss	Endwert	Zinssatz	Zinsen
0	-100.000	-100.000	8%	-8.000
1	15.000	-93.000	8%	-7.440
2	20.000	-80.440	8%	-6.435
3	30.000	-56.875	8%	-4.550
4	35.000	-26.425	8%	-2.114
5	40.000	11.461		

Maschine 2 bei Anwendung des Kontenausgleichsgebots:

Jahr	Rückfluss	Endwert	Zinssatz	Zinsen
0	-100.000	-100.000	8%	-8.000
1	35.000	-73.000	8%	-5.840
2	30.000	-48.840	8%	-3.907
3	25.000	-27.747	8%	-2.220
4	20.000	-9.967	8%	-797
5	15.000	4.236		

Bei Anwendung des Kontenausgleichsgebots erzielen beide Maschinen einen positiven Vermögensendwert. Maschine 1 ist wegen des höheren Vermögensendwertes zu beforzugen.

16. a)

	$t=0$	$t=1$	$t=2$	$t=3$	$t=4$	$t=5$	
A_0	1.000.000						
E_t		600.000	760.000	720.000	620.000	560.000	
A_t		260.000	290.000	360.000	340.000	380.000	
$E_t - A_t$		340.000	470.000	360.000	280.000	180.000	
L_t	1.000.000	800.000	600.000	400.000	200.000	0	
							C_0
$n=0$	0						0
$n=1$	-1.000.000	1.140.000					36.364
$n=2$	-1.000.000	340.000	1.070.000				193.388
$n=3$	-1.000.000	340.000	470.000	760.000			268.520
$n=4$	-1.000.000	340.000	470.000	360.000	480.000		295.840
$n=5$	-1.000.000	340.000	470.000	360.000	280.000	180.000	271.004

Die optimale Nutzungsdauer bei einer einmaligen Investition beträgt 4 Jahre.

16. b)

	C_0	An
n = 0	0	0
n = 1	36.364	440.004
n = 2	193.388	1.225.712
n = 3	268.520	1.187.735
n = 4	295.840	1.026.618
n = 5	271.004	786.392

Bei einer unendlichen Wiederholung der Investition ergibt sich somit eine optimale Nutzungsdauer von zwei Jahren.

17.

Zinssatz nach Steuern: $i_{st} = i \cdot (1 - s) = 10\,\% \cdot (1 - 0{,}3) = 7\,\%$

$$AfA = \frac{100.000\,€}{5} = 20.000\,€$$

Maschine 1:

Jahr	Rückfluss	Steuern	q_{st}^{-n}	BW
0	-100.000		1,0000000	-100.000
1	15.000	-1.500	0,9345794	15.421
2	20.000	0	0,8734387	17.469
3	30.000	3.000	0,8162979	22.040
4	35.000	4.500	0,7628952	23.268
5	40.000	6.000	0,7129862	24.242
C_0				2.439

Maschine 2:

Jahr	Rückfluss	Steuern	q_{st}^{-n}	BW
0	-100.000		1,0000000	-100.000
1	35.000	4.500	0,9345794	28.505
2	30.000	3.000	0,8734387	23.583
3	25.000	1.500	0,8162979	19.183
4	20.000	0	0,7628952	15.258
5	15.000	-1.500	0,7129862	11.764
C_0				-1.707

Unter Berücksichtigung von Steuern ist nur die Investition in Maschine 1 sinnvoll.

18.

	ZK 1	ZK 2	ZK 3	ZK 4	Punkte	Gewichtung
ZK 1	1	1	1	1	4	40%
ZK 2	0	1	1	0	2	20%
ZK 3	0	0	1	0	1	10%
ZK 4	0	1	1	1	3	30%

Ziel-kriterium	Gewich-tung	Angebot 1		Angebot 2		Angebot 3	
		Punkte	Teilnutzen	Punkte	Teilnutzen	Punkte	Teilnutzen
Preis	40%	4	1,60	5	2,00	3	1,20
Betriebskosten	20%	4	0,80	4	0,80	5	1,00
Flexibilität	10%	4	0,40	3	0,30	5	0,50
Techn. Support	30%	5	1,50	3	0,90	5	1,50
Summe	100%		4,30		4,00		4,20

Zu bevorzugen ist Angebot 1.

19. a)

A \ U	U1 $w_1 = 0,4$	U2 $w_2 = 0,5$	U3 $w_3 = 0,1$	μ	σ
A1	6.000	5.000	1.000	5.000	1.414,21
A2	8.000	4.000	-2.000	5.000	3.000,00

19. b) Für einen risikoscheuen Entscheiders wäre Alternative A1 zu bevorzugen, da diese bei weniger Risiko den gleichen Erwartungswert hat.

20. Rangfolge der Investitionen und Finanzierungsquellen:

Investition	A_0 T€	interner Zinsfuß	Rang
I1	300	8%	4
I2	200	12%	2
I3	400	10%	3
I4	300	14%	1

Finanzierungs- quelle	Betrag T€	Zins	Rang
Eigenkapital	300	6%	1
Kredit 1	300	8%	2
Kredit 2	400	12%	3
Kredit 3	200	15%	4

Kapitalnachfrage- und -angebotsfunktion:

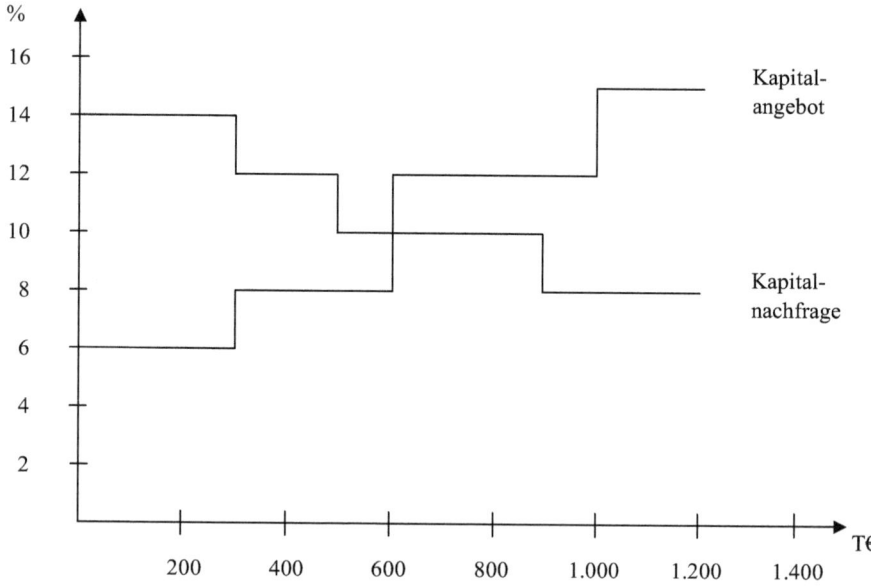

Da die Investition I3 nicht teilbar ist, muss berechnet werden, ob die Investition getätigt werden soll, wenn die fehlenden 300 T€ zu 12 % finanziert werden, obwohl der interne Zins nur 10 % beträgt.

Die zusätzliche Rendite berechnet sich:

$$400 \text{ T€} \cdot 10 \% = 40 \text{ T€}$$

Die zusätzlichen Zinsen berechnen sich auf Basis von 100 T€ aus Kredit 1 und 300 T€ aus Kredit 2:

$$100 \text{ T€} \cdot 8 \% + 300 \text{ T€} \cdot 12 \% = 44 \text{ T€}$$

Die Investition I3 ist also bei Unteilbarkeit nicht zu realisieren, da die zusätzliche Rendite geringer als die zusätzlichen Zinsen ist.

Damit ergibt sich das optimales Finanzierungs- und Investitionsprogramm. Die Investitionen I4 und I2 im Gesamtvolumen von 500 T€ werden realisiert und aus 300 T€ Eigenkapital und 200 T€ Kredit 1 finanziert.

Anhang: Finanzmathematische Tabellen

Übersicht der Faktoren

Faktor			Bedeutung
Aufzinsungsfaktor	$(1+i)^n$	q^n	Zinst eine jetzt fällige Zahlung (E_0) auf einen nach n Jahren fälligen Betrag (K_n) auf.
Abzinsungsfaktor	$(1+i)^{-n}$	q^{-n}	Zinst eine in n Jahren fällige Zahlung (E_n) auf den heutigen Wert (K_0) ab.
Barwertfaktor bzw. Diskontierungssummenfaktor	$\dfrac{(1+i)^n - 1}{i \cdot (1+i)^n}$	$\dfrac{q^n - 1}{q^n \cdot i}$	Ermittelt die Summe (K_0) der abgezinsten Werte einer gleichbleibenden Zahlungsreihe
Kapitalwiedergewinnungsfaktor bzw. Annuitätenfaktor	$\dfrac{i \cdot (1+i)^n}{(1+i)^n - 1}$	$\dfrac{q^n \cdot i}{q^n - 1}$	Verteilt einen Geldbetrag (K_0) in gleiche Annuitäten über einen Zeitraum von n Jahren
Endwertfaktor	$\dfrac{(1+i)^n - 1}{i}$	$\dfrac{q^n - 1}{i}$	Ermittelt den aufgezinsten Endwert (K_n) einer gleichbleibenden Zahlungsreihe
Restwertverteilungsfaktor	$\dfrac{i}{(1+i)^n - 1}$	$\dfrac{i}{q^n - 1}$	Verteilt einen in n Jahren fälligen Geldbetrag (K_n) in gleiche Zahlungen

Aufzinsungsfaktor q^n

n	4%	5%	6%	7%	8%	9%	10%	11%	12%	13%	14%	15%
1	1,040000	1,050000	1,060000	1,070000	1,080000	1,090000	1,100000	1,110000	1,120000	1,130000	1,140000	1,150000
2	1,081600	1,102500	1,123600	1,144900	1,166400	1,188100	1,210000	1,232100	1,254400	1,276900	1,299600	1,322500
3	1,124864	1,157625	1,191016	1,225043	1,259712	1,295029	1,331000	1,367631	1,404928	1,442897	1,481544	1,520875
4	1,169859	1,215506	1,262477	1,310796	1,360489	1,411582	1,464100	1,518070	1,573519	1,630474	1,688960	1,749006
5	1,216653	1,276282	1,338226	1,402552	1,469328	1,538624	1,610510	1,685058	1,762342	1,842435	1,925415	2,011357
6	1,265319	1,340096	1,418519	1,500730	1,586874	1,677100	1,771561	1,870415	1,973823	2,081952	2,194973	2,313061
7	1,315932	1,407100	1,503630	1,605781	1,713824	1,828039	1,948717	2,076160	2,210681	2,352605	2,502269	2,660020
8	1,368569	1,477455	1,593848	1,718186	1,850930	1,992563	2,143589	2,304538	2,475963	2,658444	2,852586	3,059023
9	1,423312	1,551328	1,689479	1,838459	1,999005	2,171893	2,357948	2,558037	2,773079	3,004042	3,251949	3,517876
10	1,480244	1,628895	1,790848	1,967151	2,158925	2,367364	2,593742	2,839421	3,105848	3,394567	3,707221	4,045558
11	1,539454	1,710339	1,898299	2,104852	2,331639	2,580426	2,853117	3,151757	3,478550	3,835861	4,226232	4,652391
12	1,601032	1,795856	2,012196	2,252192	2,518170	2,812665	3,138428	3,498451	3,895976	4,334523	4,817905	5,350250
13	1,665074	1,885649	2,132928	2,409845	2,719624	3,065805	3,452271	3,883280	4,363493	4,898011	5,492411	6,152788
14	1,731676	1,979932	2,260904	2,578534	2,937194	3,341727	3,797498	4,310441	4,887112	5,534753	6,261349	7,075706
15	1,800944	2,078928	2,396558	2,759032	3,172169	3,642482	4,177248	4,784589	5,473566	6,254270	7,137938	8,137062
16	1,872981	2,182875	2,540352	2,952164	3,425943	3,970306	4,594973	5,310894	6,130394	7,067326	8,137249	9,357621
17	1,947900	2,292018	2,692773	3,158815	3,700018	4,327633	5,054470	5,895093	6,866041	7,986078	9,276464	10,761264
18	2,025817	2,406619	2,854339	3,379932	3,996019	4,717120	5,559917	6,543553	7,689966	9,024268	10,575169	12,375454
19	2,106849	2,526950	3,025600	3,616528	4,315701	5,141661	6,115909	7,263344	8,612762	10,197423	12,055693	14,231772
20	2,191123	2,653298	3,207135	3,869684	4,660957	5,604411	6,727500	8,062312	9,646293	11,523088	13,743490	16,366537

Abzinsungsfaktor	q^{-1}											
i	4%	5%	6%	7%	8%	9%	10%	11%	12%	13%	14%	15%
n												
1	0,961538	0,952381	0,943396	0,934579	0,925926	0,917431	0,909091	0,900901	0,892857	0,884956	0,877193	0,869565
2	0,924556	0,907029	0,889996	0,873439	0,857339	0,841680	0,826446	0,811622	0,797194	0,783147	0,769468	0,756144
3	0,888996	0,863838	0,839619	0,816298	0,793832	0,772183	0,751315	0,731191	0,711780	0,693050	0,674972	0,657516
4	0,854804	0,822702	0,792094	0,762895	0,735030	0,708425	0,683013	0,658731	0,635518	0,613319	0,592080	0,571753
5	0,821927	0,783526	0,747258	0,712986	0,680583	0,649931	0,620921	0,593451	0,567427	0,542760	0,519369	0,497177
6	0,790315	0,746215	0,704961	0,666342	0,630170	0,596267	0,564474	0,534641	0,506631	0,480319	0,455587	0,432328
7	0,759918	0,710681	0,665057	0,622750	0,583490	0,547034	0,513158	0,481658	0,452349	0,425061	0,399637	0,375937
8	0,730690	0,676839	0,627412	0,582009	0,540269	0,501866	0,466507	0,433926	0,403883	0,376160	0,350559	0,326902
9	0,702587	0,644609	0,591898	0,543934	0,500249	0,460428	0,424098	0,390925	0,360610	0,332885	0,307508	0,284262
10	0,675564	0,613913	0,558395	0,508349	0,463193	0,422411	0,385543	0,352184	0,321973	0,294588	0,269744	0,247185
11	0,649581	0,584679	0,526788	0,475093	0,428883	0,387533	0,350494	0,317283	0,287476	0,260698	0,236617	0,214943
12	0,624597	0,556837	0,496969	0,444012	0,397114	0,355535	0,318631	0,285841	0,256675	0,230706	0,207559	0,186907
13	0,600574	0,530321	0,468839	0,414964	0,367698	0,326179	0,289664	0,257514	0,229174	0,204165	0,182069	0,162528
14	0,577475	0,505068	0,442301	0,387817	0,340461	0,299246	0,263331	0,231995	0,204620	0,180677	0,159710	0,141329
15	0,555265	0,481017	0,417265	0,362446	0,315242	0,274538	0,239392	0,209004	0,182696	0,159891	0,140096	0,122894
16	0,533908	0,458112	0,393646	0,338735	0,291890	0,251870	0,217629	0,188292	0,163122	0,141496	0,122892	0,106865
17	0,513373	0,436297	0,371364	0,316574	0,270269	0,231073	0,197845	0,169633	0,145644	0,125218	0,107800	0,092926
18	0,493628	0,415521	0,350344	0,295864	0,250249	0,211994	0,179859	0,152822	0,130040	0,110812	0,094561	0,080805
19	0,474642	0,395734	0,330513	0,276508	0,231712	0,194490	0,163508	0,137678	0,116107	0,098064	0,082948	0,070265
20	0,456387	0,376889	0,311805	0,258419	0,214548	0,178431	0,148644	0,124034	0,103667	0,086782	0,072762	0,061100

Barwertfaktor bzw. Diskontierungssummenfaktor

i \ n	4%	5%	6%	7%	8%	9%	10%	11%	12%	13%	14%	15%
1	0,961538	0,952381	0,943396	0,934579	0,925926	0,917431	0,909091	0,900901	0,892857	0,884956	0,877193	0,869565
2	1,886095	1,859410	1,833393	1,808018	1,783265	1,759111	1,735537	1,712523	1,690051	1,668102	1,646661	1,625709
3	2,775091	2,723248	2,673012	2,624316	2,577097	2,531295	2,486852	2,443715	2,401831	2,361153	2,321632	2,283225
4	3,629895	3,545951	3,465106	3,387211	3,312127	3,239720	3,169865	3,102446	3,037349	2,974471	2,913712	2,854978
5	4,451822	4,329477	4,212364	4,100197	3,992710	3,889651	3,790787	3,695897	3,604776	3,517231	3,433081	3,352155
6	5,242137	5,075692	4,917324	4,766540	4,622880	4,485919	4,355261	4,230538	4,111407	3,997550	3,888668	3,784483
7	6,002055	5,786373	5,582381	5,389289	5,206370	5,032953	4,868419	4,712196	4,563757	4,422610	4,288305	4,160420
8	6,732745	6,463213	6,209794	5,971299	5,746639	5,534819	5,334926	5,146123	4,967640	4,799770	4,638864	4,487322
9	7,435332	7,107822	6,801692	6,515232	6,246888	5,995247	5,759024	5,537048	5,328250	5,131655	4,946372	4,771584
10	8,110896	7,721735	7,360087	7,023582	6,710081	6,417658	6,144567	5,889232	5,650223	5,426243	5,216116	5,018769
11	8,760477	8,306414	7,886875	7,498674	7,138964	6,805191	6,495061	6,206515	5,937699	5,686941	5,452733	5,233712
12	9,385074	8,863252	8,383844	7,942686	7,536078	7,160725	6,813692	6,492356	6,194374	5,917647	5,660292	5,420619
13	9,985648	9,393573	8,852683	8,357651	7,903776	7,486904	7,103356	6,749870	6,423548	6,121812	5,842362	5,583147
14	10,563123	9,898641	9,294984	8,745468	8,244237	7,786150	7,366687	6,981865	6,628168	6,302488	6,002072	5,724476
15	11,118387	10,379658	9,712249	9,107914	8,559479	8,060688	7,606080	7,190870	6,810864	6,462379	6,142168	5,847370
16	11,652296	10,837770	10,105895	9,446649	8,851369	8,312558	7,823709	7,379162	6,973986	6,603875	6,265060	5,954235
17	12,165669	11,274066	10,477260	9,763223	9,121638	8,543631	8,021553	7,548794	7,119630	6,729093	6,372859	6,047161
18	12,659297	11,689587	10,827603	10,059087	9,371887	8,755625	8,201412	7,701617	7,249670	6,839905	6,467420	6,127966
19	13,133939	12,085321	11,158116	10,335595	9,603599	8,950115	8,364920	7,839294	7,365777	6,937969	6,550369	6,198231
20	13,590326	12,462210	11,469921	10,594014	9,818147	9,128546	8,513564	7,963328	7,469444	7,024752	6,623131	6,259331

Kapitalwiedergewinnungsfaktor bzw. Annuitätenfaktor

i	4%	5%	6%	7%	8%	9%	10%	11%	12%	13%	14%	15%
n												
1	1,040000	1,050000	1,060000	1,070000	1,080000	1,090000	1,100000	1,110000	1,120000	1,130000	1,140000	1,150000
2	0,530196	0,537805	0,545437	0,553092	0,560769	0,568469	0,576190	0,583934	0,591698	0,599484	0,607290	0,615116
3	0,360349	0,367209	0,374110	0,381052	0,388034	0,395055	0,402115	0,409213	0,416349	0,423522	0,430731	0,437977
4	0,275490	0,282012	0,288591	0,295228	0,301921	0,308669	0,315471	0,322326	0,329234	0,336194	0,343205	0,350265
5	0,224627	0,230975	0,237396	0,243891	0,250456	0,257092	0,263797	0,270570	0,277410	0,284315	0,291284	0,298316
6	0,190762	0,197017	0,203363	0,209796	0,216315	0,222920	0,229607	0,236377	0,243226	0,250153	0,257157	0,264237
7	0,166610	0,172820	0,179135	0,185553	0,192072	0,198691	0,205405	0,212215	0,219118	0,226111	0,233192	0,240360
8	0,148528	0,154722	0,161036	0,167468	0,174015	0,180674	0,187444	0,194321	0,201303	0,208387	0,215570	0,222850
9	0,134493	0,140690	0,147022	0,153486	0,160080	0,166799	0,173641	0,180602	0,187679	0,194869	0,202168	0,209574
10	0,123291	0,129505	0,135868	0,142378	0,149029	0,155820	0,162745	0,169801	0,176984	0,184290	0,191714	0,199252
11	0,114149	0,120389	0,126793	0,133357	0,140076	0,146947	0,153963	0,161121	0,168415	0,175841	0,183394	0,191069
12	0,106552	0,112825	0,119277	0,125902	0,132695	0,139651	0,146763	0,154027	0,161437	0,168986	0,176669	0,184481
13	0,100144	0,106456	0,112960	0,119651	0,126522	0,133567	0,140779	0,148151	0,155677	0,163350	0,171164	0,179110
14	0,094669	0,101024	0,107585	0,114345	0,121297	0,128433	0,135746	0,143228	0,150871	0,158667	0,166609	0,174688
15	0,089941	0,096342	0,102963	0,109795	0,116830	0,124059	0,131474	0,139065	0,146824	0,154742	0,162809	0,171017
16	0,085820	0,092270	0,098952	0,105858	0,112977	0,120300	0,127817	0,135517	0,143390	0,151426	0,159615	0,167948
17	0,082199	0,088699	0,095445	0,102425	0,109629	0,117046	0,124664	0,132471	0,140457	0,148608	0,156915	0,165367
18	0,078993	0,085546	0,092357	0,099413	0,106702	0,114212	0,121930	0,129843	0,137937	0,146201	0,154621	0,163186
19	0,076139	0,082745	0,089621	0,096753	0,104128	0,111730	0,119547	0,127563	0,135763	0,144134	0,152663	0,161336
20	0,073582	0,080243	0,087185	0,094393	0,101852	0,109546	0,117460	0,125576	0,133879	0,142354	0,150986	0,159761

Endwertfaktor

n \ i	4%	5%	6%	7%	8%	9%	10%	11%	12%	13%	14%	15%
1	1,00000	1,00000	1,00000	1,00000	1,00000	1,00000	1,00000	1,00000	1,00000	1,00000	1,00000	1,00000
2	2,04000	2,05000	2,06000	2,07000	2,08000	2,09000	2,10000	2,11000	2,12000	2,13000	2,14000	2,15000
3	3,12160	3,15250	3,18360	3,21490	3,24640	3,27810	3,31000	3,34210	3,37440	3,40690	3,43960	3,47250
4	4,246464	4,310125	4,374616	4,439943	4,506112	4,573129	4,641000	4,709731	4,779328	4,849797	4,921144	4,993375
5	5,416323	5,525631	5,637093	5,750739	5,866601	5,984711	6,105100	6,227801	6,352847	6,480271	6,610104	6,742381
6	6,632975	6,801913	6,975319	7,153291	7,335929	7,523335	7,715610	7,912860	8,115189	8,322706	8,535519	8,753738
7	7,898294	8,142008	8,393838	8,654021	8,922803	9,200435	9,487171	9,783274	10,089012	10,404658	10,730491	11,066799
8	9,214226	9,549109	9,897468	10,259803	10,636628	11,028474	11,435888	11,859434	12,299693	12,757263	13,232760	13,726819
9	10,582795	11,026564	11,491316	11,977989	12,487558	13,021036	13,579477	14,163972	14,775656	15,415707	16,085347	16,785842
10	12,006107	12,577893	13,180795	13,816448	14,486562	15,192930	15,937425	16,722009	17,548735	18,419749	19,337295	20,303718
11	13,486351	14,206787	14,971643	15,783599	16,645487	17,560293	18,531167	19,561430	20,654583	21,814317	23,044516	24,349276
12	15,025805	15,917127	16,869941	17,888451	18,977126	20,140720	21,384284	22,713187	24,133133	25,650178	27,270749	29,001667
13	16,626838	17,712983	18,882138	20,140643	21,495297	22,953385	24,522712	26,211638	28,029109	29,984701	32,088654	34,351917
14	18,291911	19,598632	21,015066	22,550488	24,214920	26,019189	27,974983	30,094918	32,392602	34,882712	37,581065	40,504705
15	20,023588	21,578564	23,275970	25,129022	27,152114	29,360916	31,772482	34,405359	37,279715	40,417464	43,842414	47,580411
16	21,824531	23,657492	25,672528	27,888054	30,324283	33,003399	35,949730	39,189948	42,753280	46,671735	50,980352	55,717472
17	23,697512	25,840366	28,212880	30,840217	33,750226	36,973705	40,544703	44,500843	48,883674	53,739060	59,117601	65,075093
18	25,645413	28,132385	30,905653	33,999033	37,450244	41,301338	45,599173	50,395936	55,749715	61,725138	68,394066	75,836357
19	27,671229	30,539004	33,759992	37,378965	41,446263	46,018458	51,159090	56,939488	63,439681	70,749406	78,969235	88,211811
20	29,778079	33,065954	36,785591	40,995492	45,761964	51,160120	57,274999	64,202832	72,052442	80,946829	91,024928	102,443583

Restwertverteilungsfaktor

i / n	4%	5%	6%	7%	8%	9%	10%	11%	12%	13%	14%	15%
1	1,000000	1,000000	1,000000	1,000000	1,000000	1,000000	1,000000	1,000000	1,000000	1,000000	1,000000	1,000000
2	0,490196	0,487805	0,485437	0,483092	0,480769	0,478469	0,476190	0,473934	0,471698	0,469484	0,467290	0,465116
3	0,320349	0,317209	0,314110	0,311052	0,308034	0,305055	0,302115	0,299213	0,296349	0,293522	0,290731	0,287977
4	0,235490	0,232012	0,228591	0,225228	0,221921	0,218669	0,215471	0,212326	0,209234	0,206194	0,203205	0,200265
5	0,184627	0,180975	0,177396	0,173891	0,170456	0,167092	0,163797	0,160570	0,157410	0,154315	0,151284	0,148316
6	0,150762	0,147017	0,143363	0,139796	0,136315	0,132920	0,129607	0,126377	0,123226	0,120153	0,117157	0,114237
7	0,126610	0,122820	0,119135	0,115553	0,112072	0,108691	0,105405	0,102215	0,099118	0,096111	0,093192	0,090360
8	0,108528	0,104722	0,101036	0,097468	0,094015	0,090674	0,087444	0,084321	0,081303	0,078387	0,075570	0,072850
9	0,094493	0,090690	0,087022	0,083486	0,080080	0,076799	0,073641	0,070602	0,067679	0,064869	0,062168	0,059574
10	0,083291	0,079505	0,075868	0,072378	0,069029	0,065820	0,062745	0,059801	0,056984	0,054290	0,051714	0,049252
11	0,074149	0,070389	0,066793	0,063357	0,060076	0,056947	0,053963	0,051121	0,048415	0,045841	0,043394	0,041069
12	0,066552	0,062825	0,059277	0,055902	0,052695	0,049651	0,046763	0,044027	0,041437	0,038986	0,036669	0,034481
13	0,060144	0,056456	0,052960	0,049651	0,046522	0,043567	0,040779	0,038151	0,035677	0,033350	0,031164	0,029110
14	0,054669	0,051024	0,047585	0,044345	0,041297	0,038433	0,035746	0,033228	0,030871	0,028667	0,026609	0,024688
15	0,049941	0,046342	0,042963	0,039795	0,036830	0,034059	0,031474	0,029065	0,026824	0,024742	0,022809	0,021017
16	0,045820	0,042270	0,038952	0,035858	0,032977	0,030300	0,027817	0,025517	0,023390	0,021426	0,019615	0,017948
17	0,042199	0,038699	0,035445	0,032425	0,029629	0,027046	0,024664	0,022471	0,020457	0,018608	0,016915	0,015367
18	0,038993	0,035546	0,032357	0,029413	0,026702	0,024212	0,021930	0,019843	0,017937	0,016201	0,014621	0,013186
19	0,036139	0,032745	0,029621	0,026753	0,024128	0,021730	0,019547	0,017563	0,015763	0,014134	0,012663	0,011336
20	0,033582	0,030243	0,027185	0,024393	0,021852	0,019546	0,017460	0,015576	0,013879	0,012354	0,010986	0,009761